建築スケッチ・パース基本の「き」

[増補版]

山田雅夫・著

X-Knowledge

はじめに

　スケッチの練習には、お手本を参考にするなどして、実際に手を動かして描いてみると、とてもチカラがつきます。筆者はすでに15分スケッチ練習帖などで、ステップ バイ ステップの方式による、実践的な練習帖を提示し、多くの支持を集めてきました。本書は、そうした実践的なスケッチ練習帖の中で、建築を描くための基本を習得する、はじめての本です。

　スケッチやパースを描く上で、なによりも1本1本の線のもつ美しさを追求して欲しいと思います。それほど力強いまっすぐな線や曲線からなるスケッチは、見るものの心に響きます。あるいは、まとまった広がりを、点の集まりやタッチの線のくり返しなどで表現することも覚えたいですね。最初に、線表現の基本で、建物など人工物を描く上で必須となる線要素の練習を行います。立体を線描する上で、構成要素の面を、閉じた線の集まりとして理解する練習も入れてありますが、これはくり返し練習されるとよいです。

　次に、パースの練習の基本です。奥行き表現には、1点透視、2点透視などの図法が必須です。目線や集中点と構図の設定の関係を、具体的な練習を通じてマスターください。同じ間隔の柱が複数並ぶ場合の、簡単な作図方法についても完全に習得ください。作図方法はいくつかありますが、本書ではもっとも理解しやすい方法を中心に説明しています。また、建築では階段が関係するパースも多く登場しますので、練習の場を設けました。

　具体的な事例の練習では、題材の枠の大きさの制約があるなかで、あまり複雑でない題材を選定しています。建築ではディテールだけ取り出しても絵になりますから、対象を広げると、個別の事例は限りなく多くなります。あくまで、基本のレベルとお考えください。

　遠近表現で、寸法が入った図面を用意できるならば、図面からパースを描き起こすことができます。この作図は平面や立面を1つの作図シートの中に盛り込んで行います。はじめての人には慣れないかもしれませんが、非常に簡単な立体などを題材にして練習できるように、課題を工夫しています。これも、ぜひマスターしてほしいですね。

　建物の外観などをパースにする場合と、室内のパースとでは、使用する尺度や空間の大きさが相当に違います。ですが、共通していることもかなりありますから、本書はそうした共通項を中心に、基本の中の「き」を完全に理解できることを目的に構成しています。

　今回の増補版では、簡単な塗りの基本を追加しました。塗りは手軽なツールである色えんぴつで行えるようにしています。青空や緑系の要素は、建築との関係で塗りでは欠かせませんから重点的に練習できるようにしました。

　練習用の題材は、なるべく描きやすいように工夫していますので、どうぞ最後のページまで練習していただきたいと思っています。そこまで練習を積まれれば、本物の理解力が身につくことを確信しています。

　　　　平成29年4月　　　　　　　　　　　　　　　　　　　　　　　　　山田雅夫

建築スケッチ・パース 基本の「き」[増補版]
Contents

はじめに……003
本書の使い方……008

第1部　線表現　基本の「き」

- 1-1　線をフリーハンドでまっすぐに引く……010
- 1-2　斜線をフリーハンドで引く……012
- 1-3　決まった点を通るまっすぐな線を引く……014
- 1-4　だ円を描く……016
- 1-5　縦の線を平行に引く……018
- 1-6　ドットや細線などで表現する……020
- 1-7　面を線の集まりでとらえる練習①……022
- 1-8　面を線の集まりでとらえる練習②……024
- 1-9　樹木を線で表現する……026
- 1-10　丸いモチーフを描く……028
- Column　陰影以外での「塗り」の効果……030

第2部　遠近表現（パース）　基本の「き」

- 2-1　建物では遠近表現は欠かせない……032
- 2-2　目線の高さの違いで表現が変わる……038
- 2-3　外壁を分割する……040
- 2-4　4本の柱を遠近表現で並べる……042
- 2-5　多くの柱を遠近表現で並べる①……044
- 2-6　多くの柱を遠近表現で並べる②……046
- 2-7　多くの柱を遠近表現で並べる③……048
- 2-8　1点透視の構図……050
- 2-9　2点透視の構図……052

2-10	3点透視の構図	054
2-11	2点透視で階段を描く①	056
2-12	2点透視で階段を描く②	058
2-13	2点透視で階段を描く③	060
2-14	1点透視で階段を描く①	062
2-15	1点透視で階段を描く②	064
2-16	1点透視による、組み合わせ練習	066

第3部　スケッチテクニック　基本の「き」

3-1	扉や窓を線で生き生きと描く	070
3-2	集中点を変えて外観の違いを理解	072
3-3	俯瞰の構図では屋根の線に注意	074
3-4	細部を省略して屋根を描く	076
3-5	コーナーを中心に洋館を描く	078
3-6	椅子を描く	080
3-7	ソファーなどのある一角を描く	082
3-8	遠近表現で床を描く	084
3-9	吹抜け空間を表現する	086
3-10	中心をそろえて立体を積む	088
3-11	陰影で立体感を出す	090
3-12	陰影に濃淡をつける	092
3-13	陰影で表現の幅を広げる	094
3-14	スケッチの中に人物を加える	096
3-15	住宅の外観スケッチを描く	098
Column	濃い塗りと線描の組み合わせ	100

第4部　図から起こすパース　基本の「き」

- 4-1　パースの作図手順…………………………………………102
- 4-2　目線の高さが変わるとどうなるのか……………………106
- 4-3　平面と立面からパースをつくる①………………………110
- 4-4　平面と立面からパースをつくる②………………………112
- 4-5　平面と立面からパースをつくる③………………………114
- 4-6　見る位置を少し変えてみる①……………………………116
- 4-7　見る位置を少し変えてみる②……………………………118
- 4-8　勾配屋根のある立体のパース①…………………………120
- 4-9　勾配屋根のある立体のパース②…………………………122
- 4-10　勾配屋根のある立体のパース③…………………………124
- 4-11　くり返し要素からなる外観の作図①……………………126
- 4-12　くり返し要素からなる外観の作図②……………………128
- 4-13　図をもとに室内を描く①…………………………………130
- 4-14　図をもとに室内を描く②…………………………………132
- 4-15　図をもとに室内を描く③…………………………………134
- 4-16　1点透視で室内を描く①…………………………………136
- 4-17　1点透視で室内を描く②…………………………………138
- 4-18　1点透視で室内を描く③…………………………………140
- 4-19　同じ室内で立つ位置を変えて作図………………………142

第5部　スケッチパースの塗り　基本の「き」

- 5-1　着彩の効果とは……………………………………………146
- 5-2　均一塗りと濃淡塗りの基本…………………………………148
- 5-3　樹木系の塗りの基本…………………………………………150
- 5-4　建物と空、緑の組み合わせ…………………………………152
- 5-5　路地の階段やファサードを塗る……………………………154
- 5-6　外壁材の違いなどを反映させる……………………………156
- 5-7　さまざまな要素を盛り込んだ塗り…………………………158

カバーデザイン	カインズ・アート・アソシエイツ
本文デザイン	マツダオフィス
DTP	リングウッド社
トレース	堀野千恵子

本書の使い方

本書は左ページに示す完成図をお手本に、右ページの練習枠に描き込んでいく、練習帳タイプの解説本です。練習に使う筆記具は、間違いを修正しやすい鉛筆やシャープペンをおすすめしますが、ボールペンでもかまいません。

原則として、とくに指定のない所では定規を使わないで線を引くようにします。ただし、難しいときは定規を使ってもかまいません。慣れてくれば、フリーハンドで線を引くことができるようになります。実践的なやり方はこちらのほうです。

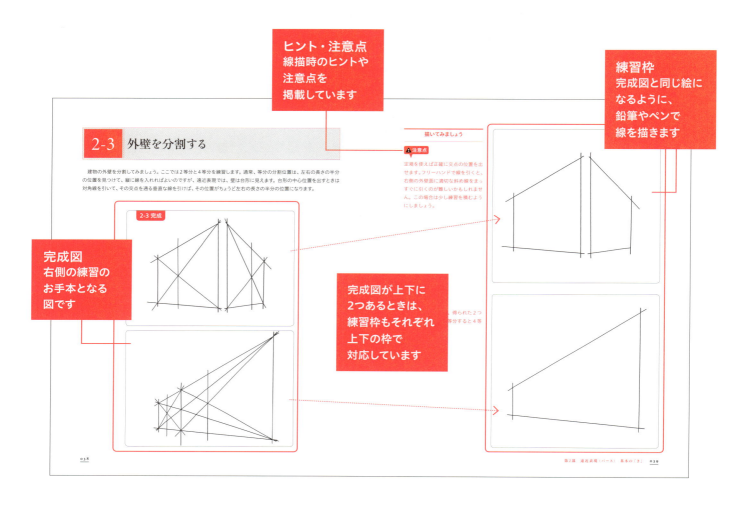

　第2部と第4部では、1つの課題に対して、同じ作図練習を2回行えるようにしているページがあります。これらは主に、補助線を引きながら交点を求める作図練習です。

　これには深い理由があります。1回の作図で完全に理解できれば理想なのですが、機械的に作図し交点を結ぶ、といった覚え方をしがちです。そこで、上段ではまず、定規を使って作図し、そのしくみや交点の正しい位置出しを理解していただきます。次に下段で、定規を使わずに同じ練習を行えば、定規を使うことに気を取られず、描き方の理解がより深まるのです。

　ただし、フリーハンドで線を引き、交点を正しく得るには、熟練を要するところもあります。その場合には、2回の練習いずれも定規を使ってよいですから、作図を完全にモノにしてください。そうすれば、実践ではこの練習が思いのほかチカラを発揮します。それでは、練習をはじめましょう。

第1部
線表現 基本の「き」

スケッチやパースは、仕上がり状態では着彩仕上げが多いですが、基本はやはり、力強い線描です。
美しい線描スケッチは、着彩するのが惜しいと思うこともあるほど迫力があります。
線描の「線」には2つの役割があります。1つは、輪郭線などのアタリをつけるために引く線や、
透視図法の作図で必要となる補助線を引く線です。これらは鉛筆などで引き、
仕上げる前には消しゴムで消しますから、完成したスケッチやパースを見ても、
どこに引いたのかわからない線になります。
もう1つが本来の線で、ペンなどで描きますから最後まで残る線です。
こうした両方の役割を担う線の基本練習にふさわしい題材をそろえました。
まずは、線を引くことに慣れていただきます。

1-1 線をフリーハンドでまっすぐに引く

まず、まっすぐに線を引くことから始めましょう。点の列が、それぞれの線のスタート位置です。下の完成図をお手本に、フリーハンドでまっすぐな線を引いてください。何本もの線を平行に引きますから、うまく引けたかどうかは、ご自分でよくわかる練習といえます。うまく引けないからといって気にすることはなく、練習を重ねればよいのです。

1-1 完成

描いてみましょう

?ヒント

点列の半分の位置、さらに半分の位置からスタートする線を引くことにより、間隔の違う線を引く練習になります。上段は横の線、下段は縦の線の練習です。

第1部　線表現　基本の「き」　011

1-2 斜線をフリーハンドで引く

　次に、同じまっすぐな線ですが、斜めの線を引きます。角度の違う斜めの線を何本も引いてみましょう。上の練習では、線のスタート点を左側に設けています。下の練習は、左右を逆にしています。右上がりと左上がりとでは同じ傾きでも描きやすさが違います。右利きの人には、上の練習のほうがしやすいはずです。

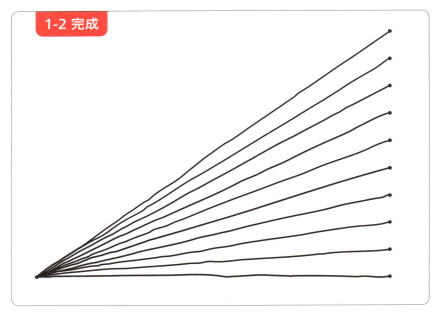

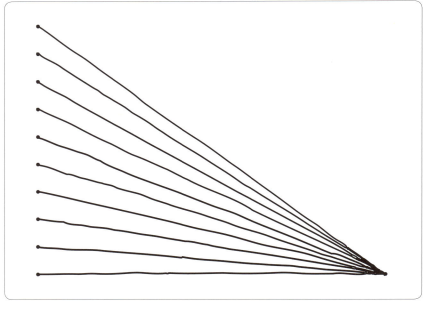

描いてみましょう

❓ヒント

なにげない練習ですが、線を引くスタート地点から、目標とする点に向かう方向を自分でコントロールできるようになると、斜めの線はきれいに引けるようになります。

スタート地点から目標点までが短いと練習になりませんが、ここではざっと10センチ離してあります。あらかじめ線を引く方向を正しく見定められるかがポイントです。

第1部　線表現　基本の「き」　013

1-3 決まった点を通るまっすぐな線を引く

　まっすぐな線を引くとき、あらかじめ決まった位置にある点を通るように引くことも大切です。ここでは、6つの点と8つの点を配置した練習枠を用意しました。それぞれ2つの点を通る線を引いてみましょう。

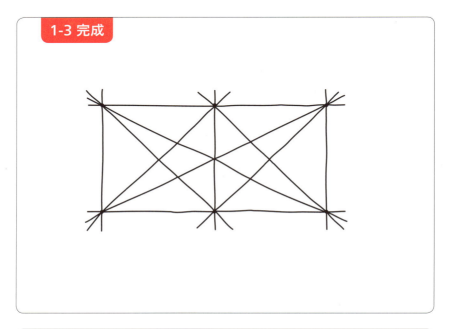

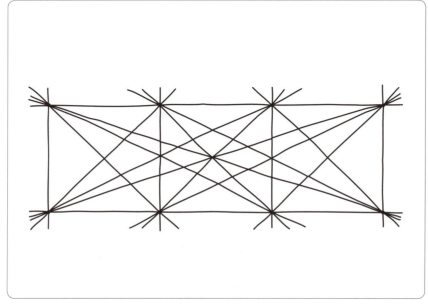

描いてみましょう

? ヒント

この練習は線の役割のうち、補助線を引くときの感覚を養成できます。それぞれ2つの点を結ぶ線を引きますが、線の引き始めは点の少し手前から、引き終わりの位置は点よりもすこし先まで延ばしてみましょう。そのほうが、まっすぐな線の勢いが持続します。

1-4 だ円を描く

　まっすぐな線の練習と並んで大切なのは曲線の練習です。さまざまな曲線が浮かびますが、おすすめしたいのは「だ円」です。きれいなだ円を描くのは、意外と難しいのです。ここでは、だ円だけを描く練習と、長方形の線に接するだ円を描く練習の2つをやってみましょう。

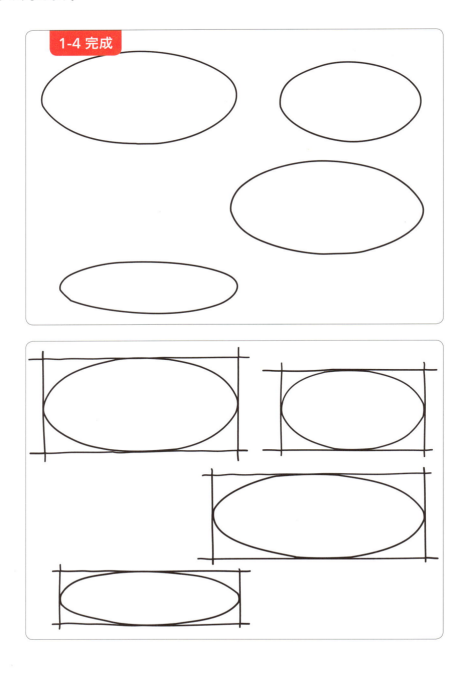

描いてみましょう

❓ヒント

描き始めの位置は決まっていませんが、経験的には、だ円の左下のあたりから、時計周りにぐるりと回すように線を引くとよいでしょう。引き終わりは、必ず線が閉じるようにします。左利きの人は、左右逆に考え、反時計回りに線を引いてください。

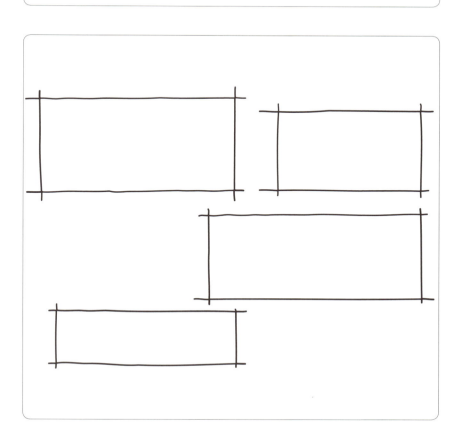

第1部　線表現　基本の「き」　017

1-5 縦の線を平行に引く

　建物系の題材では、線描にあたり、縦の線を平行にたくさん引くことがあります。そこで、縦のまっすぐな線を引く練習をやってみます。ただ、機械的に線を平行に引くのでは面白みに欠けますから、ここでは、具体的な壁面の輪郭をあらかじめ描いてあります。その中に、縦の線をフリーハンドで引いてみましょう。

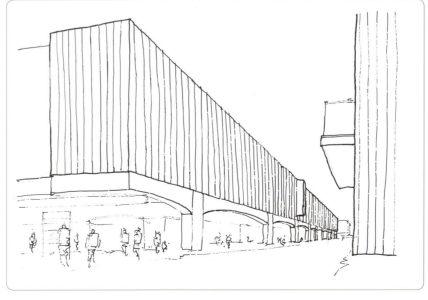

描いてみましょう

⚠ 注意点

線はフリーハンドですから、その間隔はあまり厳密でなくてもよいです。味わいのある面になります。

❓ ヒント

下の例では、近い部分ほど線と線の間隔を広げるようにすると、距離感が伝わります。これも厳密でなくてかまいません。

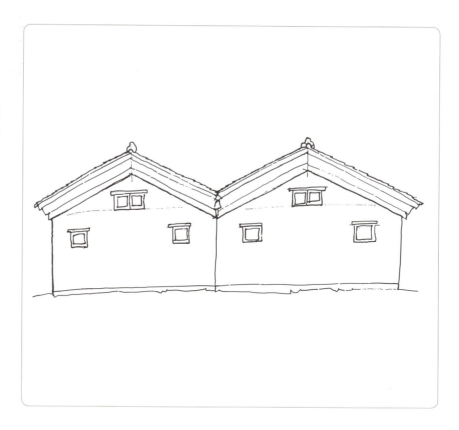

1-6　ドットや細線などで表現する

　線描で味わいのある表現の中から、おすすめの表現要素を5つ、紹介しましょう。1は空を表現するのに、細線を水平に数多く引く方法です。2は芝生や、室内であればカーペットのような素材を示す方法です。3はコンクリート系の壁面などの表現で、ドットを打ちます。4と5は樹木などを表現します。4は一筆描きですから、思いのほか早く描けます。5は鉛筆で斜めに引きます。

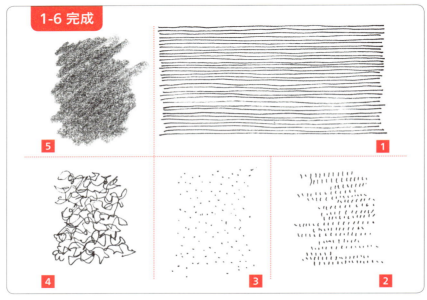

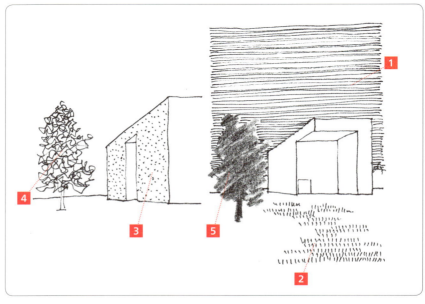

描いてみましょう

> **? ヒント**
>
> 線そのものの美しさにも、こだわりたいものです。ある程度のスピード感で線を引くほうが、勢いのある線になり、好ましいです。

> **⚠ 注意点**
>
> ドットを打つときには、ランダムに点が配置されるのが望ましいです。どうしても規則的に点を打ちがちになりますから、注意しましょう。

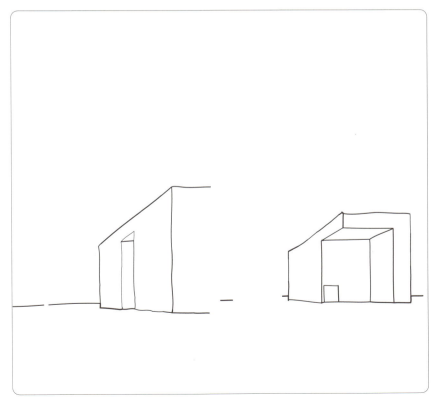

1-7 面を線の集まりでとらえる練習①

　立体を線描することの本質は、立体をまず面の集まりに分けて、それぞれの面を線でとらえる作業です。私はこのことを特に重視します。基本的に面のあるところには、面を囲むように必ず閉じた線の集まりがあります。見えている面はもちろんですが、背後にある見えていない面の形状を思い描けるようになれば、建物などの立体をしっかり把握できるようになります。ここでは背後にある線を加える練習をします。

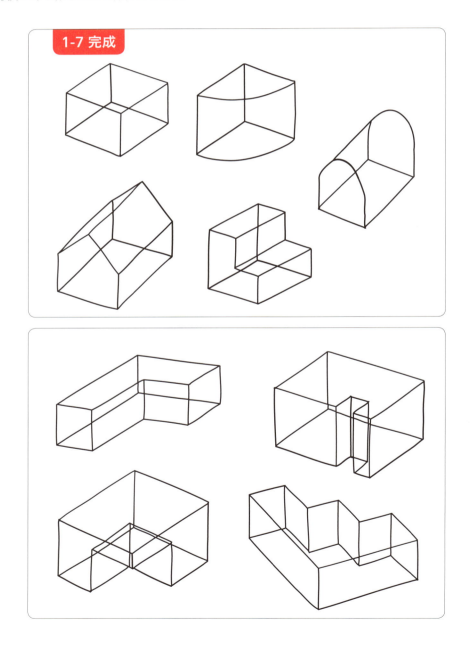

描いてみましょう

⚠️ **注意点**

線は定規でなくフリーハンドで引いてみましょう。

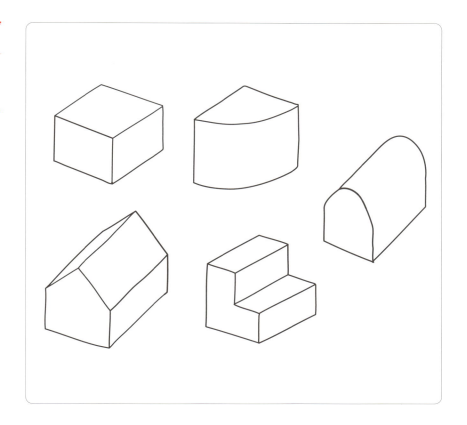

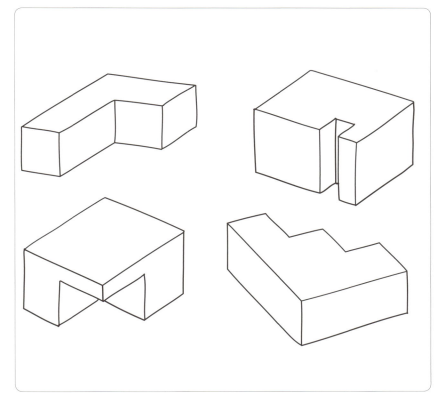

第1部　線表現　基本の「き」　023

1-8 面を線の集まりでとらえる練習②

　引き続き、背後にある線を加える練習をします。題材は、単純な建物をイメージした立体で、奥行き感のある構図で表現しています。上の図は屋根が平らの場合、下の図は、斜め屋根がかかった立体です。斜め屋根のある場合は、やや複雑になります。

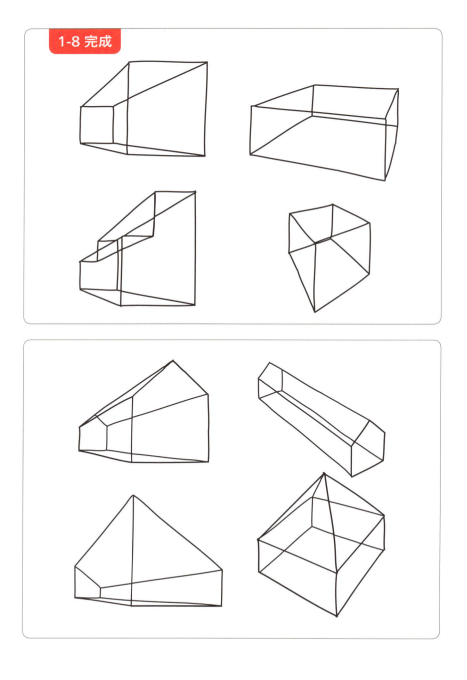

描いてみましょう

⚠ 注意点
線は定規でなくフリーハンドで引いてみましょう。

❓ ヒント
上の練習枠左下の図で奥に向かう線は、線 **1** と **2** の延長線が交差した点に向かうように引きます。

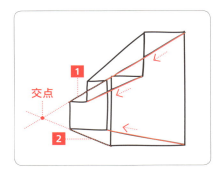

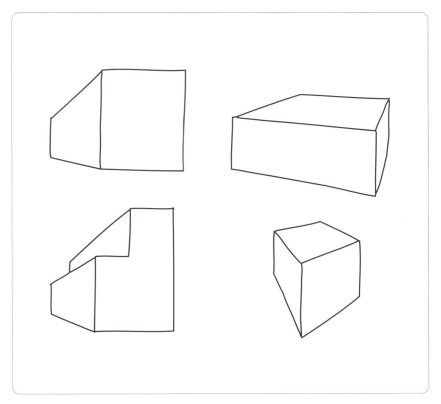

❓ ヒント
下の練習枠左下の図は、以下に示した2本の線が平行になるようにします。

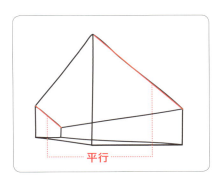

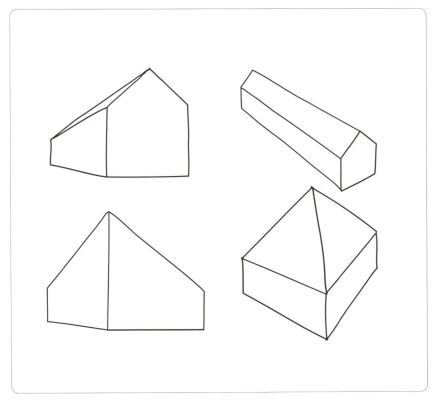

1-9 樹木を線で表現する

　建物に代表される人工物の線とは対照的に、樹木や雲などにみられる形態は、はっきりと違いがわかる線で表現したいものです。こうしなくてはいけないということはありませんが、樹木の線表現の基本を示します。一見すると不規則なギザギザした線は、樹木の輪郭線を1本のつながった線でぐるりと結ぶときに、樹木らしさを伝えます。

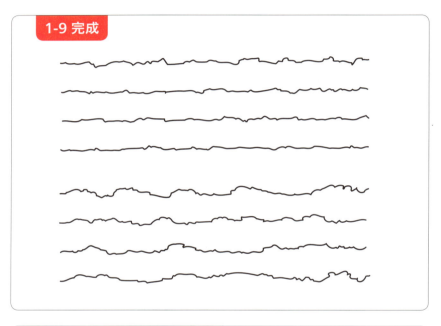

描いてみましょう

? ヒント

上の4本は比較的おとなしい、ギザギザした線、下の4本は振幅が大きめの線を描きましょう。振幅の違う線を組み合わせられるようになると、樹木の表現の幅も広がります。

? ヒント

独立木と背の低い樹木の線描の例です。独立木はケヤキをイメージしています。線のギザギザ感を意識して練習ください。

1-10 丸いモチーフを描く

　建物などの構造物は、一般的に四角、三角、丸の3つの図形で構成されています。このうち丸は、立体形状としては円柱や円すい、あるいは球、半球などにあたります。どちらかといえば、西洋や中近東の建物や橋などによく見られますね。アーチの連続形式が典型です。ここではアーチを使って、丸いモチーフでよく使われる半円や円弧状の曲線を描く練習をします。

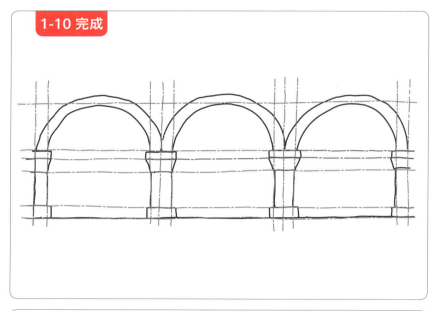

1-10 完成

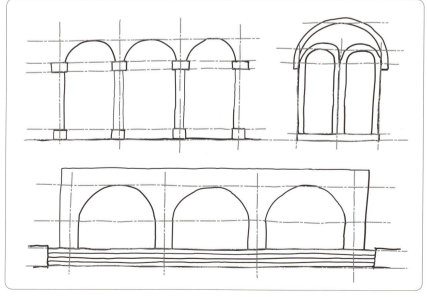

描いてみましょう

❓ヒント

アーチは長方形と半円（あるいは円弧状の曲線）を組み合わせた形になっています。くり返しのパターンが多いので、練習でも2つないし3つがつながったパターンを用意しました。

お手本はペンで描いていますが、鉛筆で練習してもかまいません。

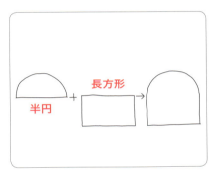

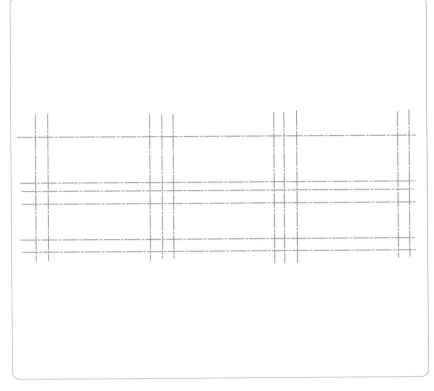

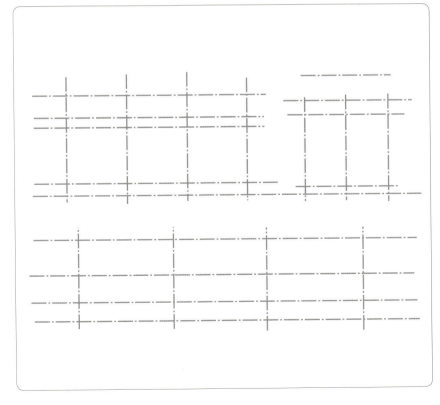

column 陰影以外での「塗り」の効果

　建築のスケッチで線描と塗りとの組み合わせについて、両者の役割をよく整理しておくとよいでしょう。塗りといえば一般的には建物の陰影の表現が浮かびます。ですが、外観の微妙な凹凸や計算された柱や梁の意匠などを表現するのに、線のチカラはあなどれません。あまり微細に表現する必要はないですが、陰影に頼らないでも線の立体表現で外観の特徴を表すことが可能です。

　下のスケッチAは、東京駅の正面に建つビル（KITTE）です。外壁保存されたファサードを、あえて陰影をつけないで柱や梁、サッシとの関係を線で徹底して表現しています。ダブルラインも多用し、フリーハンドによるまっすぐな線により端正な格子パターンを伝えています。このような場合、むしろ、塗りは建築素材の違いを示すために使うとよいでしょう。スケッチAは主要なガラス面を塗りで表現しています。また、塗りの別の効果として、東京スカイツリーを遠望するスケッチBのように、建築の輪郭線の中をすべて塗ってしまう方法があります。いわばシルエット表現の担い手として塗りを用いるわけです。

スケッチA

スケッチB

第 2 部

遠近表現（パース）基本の「き」

遠近表現について、基本的な事項を習得するための練習です。
練習の前に、まず考え方や用語などを説明します。
その上で目線の高さが違うと表現がどのように変わるか、あるいは同じ大きさの壁や柱などが並ぶ場合、
遠近法で長さが徐々に変化する様子を確認しながら練習を行います。
ここでは交点を正しく得る必要がありますから、はじめての方は定規を使ってもかまいません。
1点、2点、3点の透視図法についても、練習しながらどこが違うか理解してもらいましょう。
階段の練習は、基本というにはすこし高度ですが、ぜひ習得ください。
最後に総合演習として、階段を含む建物の外観を描く構成にしています。

2-1 建物では遠近表現が欠かせない

　紙という平面の上に立体物を描くとき、奥行き感を伝える方法として遠近表現は欠かせません。練習に入る前に、遠近表現について基本的なことがらと用語をまとめて説明します。

1）透視図法で描くと奥行き感を自在に表現できる

　まず、下の図をご覧ください。一般的な屋根をもつ建物（住宅と思ってください）を斜め上から見ています。2つの建物を並べていますが、どちらも立体感は表現できています。左側の建物では、矢印で示した4カ所とも、角度は同一です。それぞれの水平の線は、地面に平行な線分ですから、斜め方向であっても角度は同じになるわけです。このような描き方を「平行投影図法」といいます。

　それに対して、右側の建物では、建物が左上方向に細まるように見えますね。これが遠近表現です。左の建物で同一だった矢印で示した角度は、右の建物では同一ではなくなります。また、左の建物にくらべて奥行き感が出ていると思いませんか。本書で説明する遠近表現は、右側の建物のような「透視図法」で描く表現です。建築でパースと呼ばれるものも、基本的には、この表現で描かれています。

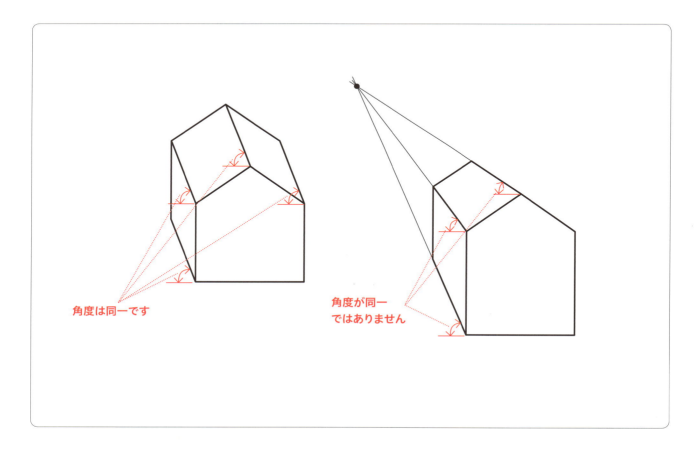

2）透視図法と集中点

　下の図を見てみましょう。同じ建物ですが、どちらも人が普通に見たときの光景に近い構図ですね。見る位置を下げて、地面に近づけています。この構図のなかに黒い点があります。左の例は1つ、右の例では2つあることがわかります。この点は、透視図法では必ずといってよいほど登場しますので、ここで説明しましょう。

　本来は平行で絶対に交差することがない部位をつなぐ線は、透視図法では線を延長するとすべて1つの点に集まります。これらが「集中点」です。「集中点」については英語から由来する訳として「消失点」や「消点」とされることが多いです。はるか向こうの遠くにある点という雰囲気をもたせたのでしょうが、消え失せる点という言葉の響きに抵抗がありますし、平行な線分の延長により1点に集中する、という意味から、本書では「集中点」と記しています。

　左側の例では、集中点が1つ、これを1点透視図といいます。右側の例では、建物の右側と左側にそれぞれ1つずつ、合計2つの集中点があります。これが2点透視図です。通常は、1点透視図か2点透視図のどちらかを用いて、遠近表現を行います。なお、透視図には、1点透視図、2点透視図、のほかに3点透視図もあります。集中点が3つある場合で、右側のような2点透視の構図にさらに上空方面に1つ、集中点が発生するような構図のことです。ただ、スケッチをするうえでは、1点透視、ないしは2点透視のいずれかで表現すれば事足りるのが現実です。

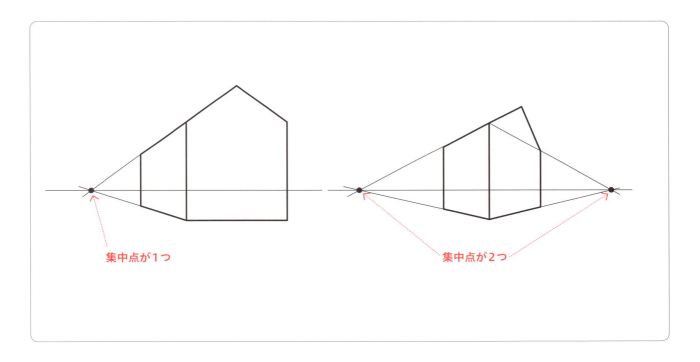

集中点が1つ　　　　　　　　　　集中点が2つ

3）透視図の作図で使用する用語

　透視図を作図するときに使う専門用語を、ぜひ知ってほしいので、下の図を参考に説明しましょう。透視図法では違う呼び方をするものがありますが、本書では以下の呼び方で説明をしていきます。これらは主に4章で使います。

　「**画面**」はスクリーンとも呼ばれる、建物などの対象物を投影する平らな面です。その画面上に、まっすぐな水平線が必ず1本あります。これは見ている先の限界を示す線で、本書では「**地平線**」といいます。集中点はその線の上に必ず位置します。また、紛らわしいですが、対象物を含む地面の線を「**地平面**」といいます。地平面は必ず画面と直交します。

　見ている人の目の空間上の位置を「**視点**」といいますが、視点を通る、画面上で地平面に平行な線を、本書では「**目線**」と呼びます。一般的には、地平線と同じ位置にきます。そのほか、見ている人を真上から見た位置を本書では「**立点**」といい、対象物と視点とを結ぶ線の画面上の投影を「**足線（そくせん）**」といいます。慣れないうちは、理解しにくいかもしれませんね。実際に作図を重ねていけば、だんだん理解できてくると思います。

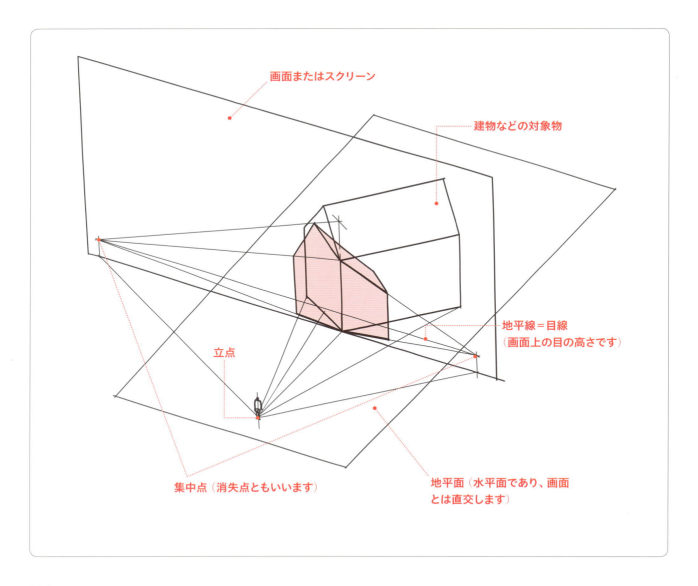

4）室内スケッチの構図のとり方

　図をご覧ください。同じ部屋で、上は1点透視の構図、下は2点透視の構図です。よりダイナミックな構図で表現したいなら、2点透視の構図がおすすめです。ただし、作図の線が多くなり、手間がかかることと、周辺部はかなりゆがむリスクをかかえます。実務的には、1点透視の表現で十分に雰囲気を伝えられるということを覚えてください。

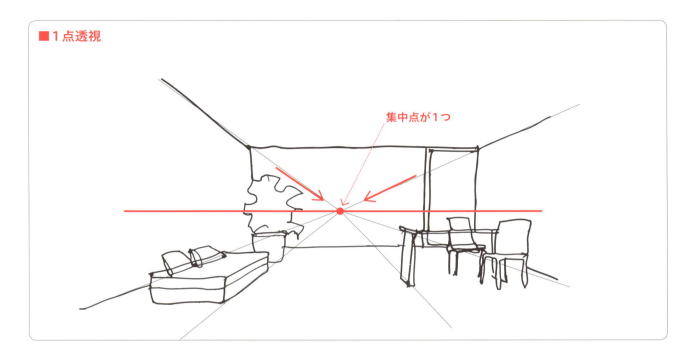

■1点透視　集中点が1つ

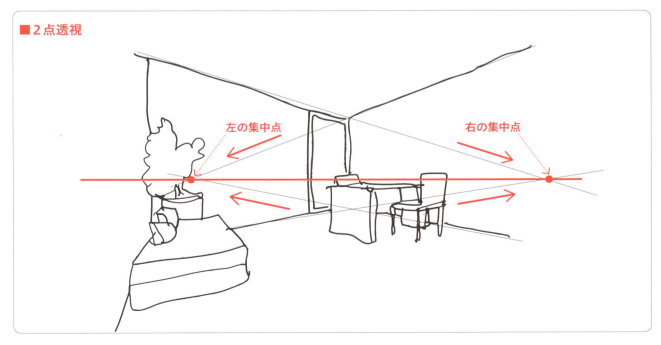

■2点透視　左の集中点　右の集中点

第2部　遠近表現（パース）　基本の「き」　035

家具の配置や建具の位置関係などを早く正確に表現するのに、あらかじめ格子パターンを入れて作図すると、とても早く仕上げられます。たとえば下の図は、1辺60センチとした格子パターンをあらかじめ引いておき、1点透視で正面のテラス戸を作図しています。椅子に座った目の高さは、家具にもよりますが、だいたい「1〜1.2」メートルに設定します。

　室内の透視図では、天井高さの影響も重要です。人間は高さ方向には相当に敏感にできています。天井高さは通常、2.3〜2.7メートル程度が多いですが、上下方向に10センチ違うだけでも、見た印象はかなり違います。次ページの図に示すように天井と壁の境目になる斜めの線の傾きは相当に違ってきます。住宅などで個別に透視図を描き起こす場合には、天井高さなどはそのつど、正しい寸法を入れて作図するほうが間違いありません。

　なお、室内とは違い、建物の外観を透視図で表現するときの視点の高さは、一般的に地面から「1.5」メートルで作図します。

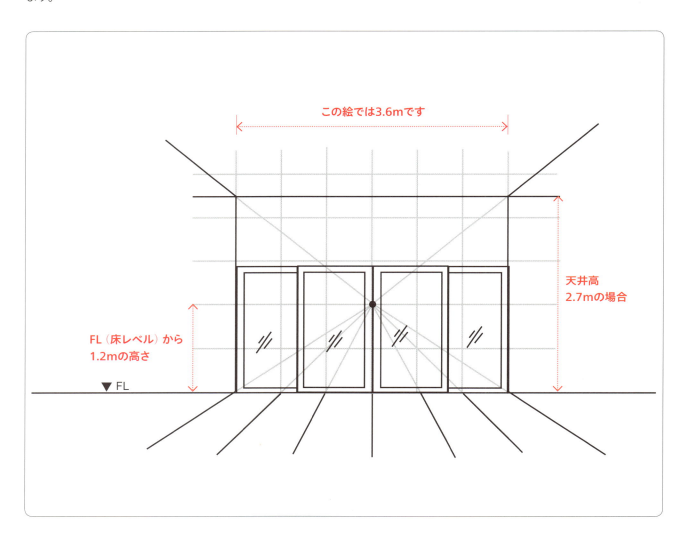

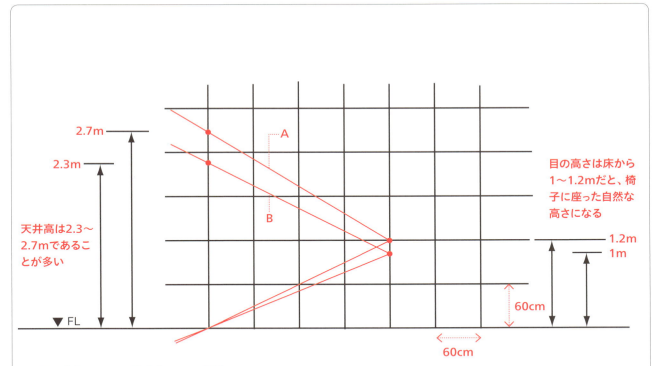

第2部　遠近表現（パース）　基本の「き」

2-2 目線の高さの違いで表現が変わる

　　目線（アイレベル）の位置を変えると、どのように見えるのかを比べてみましょう。ここでは切妻の屋根をもつシンプルな建物を使って、4つのケースを示します。上の図の左側にあるもっとも低い位置のケースが、自然な目線の位置です。逆に下の図の右側のように、はるか高いところから見下ろす構図では、俯瞰（ふかん）する構図になります。屋根の関係を表現するなら、このくらい高いところに目線を設定します。

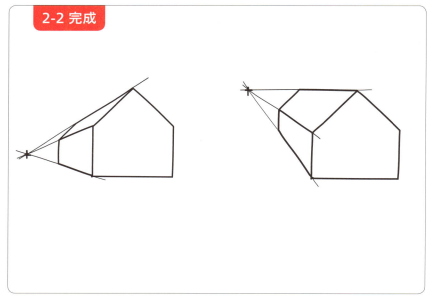

2-2 完成

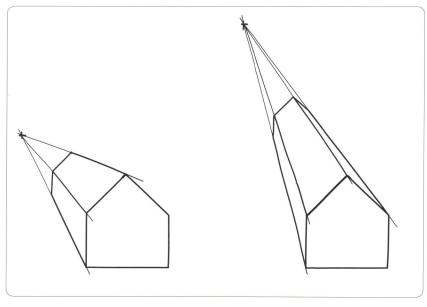

描いてみましょう

❓ヒント

＋が目線の高さを示す位置です。この＋が集中点となります。

⚠️注意点

集中点からそれぞれの屋根の棟や軒に伸びる線は、作図の正確さを重視するなら定規で引くとよいでしょう。建物の形状を示す線は、フリーハンドで引いています。

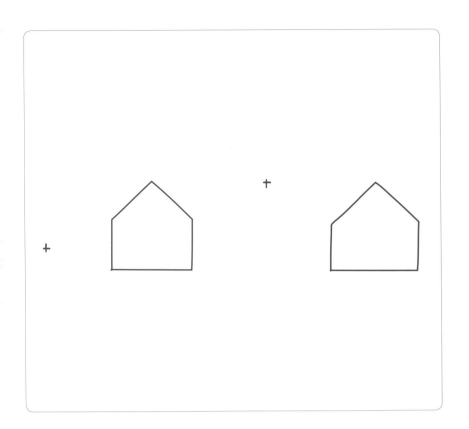

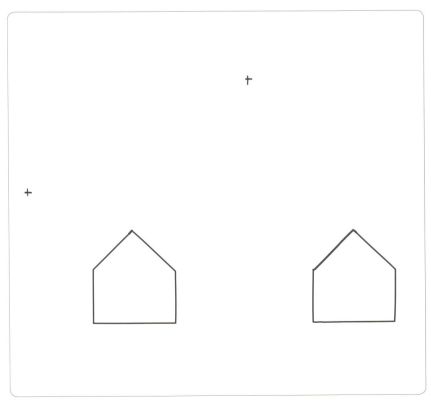

2-3 外壁を分割する

　建物の外壁を分割してみましょう。ここでは2等分と4等分を練習します。通常、等分の分割位置は、左右の長さの半分の位置を見つけて、縦に線を入れればよいのですが、遠近表現では、壁は台形に見えます。台形の中心位置を出すときは対角線を引いて、その交点を通る垂直な線を引けば、その位置がちょうど左右の長さの半分の位置になります。

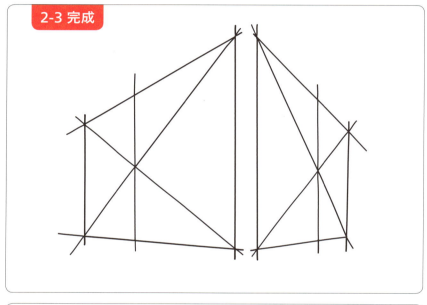

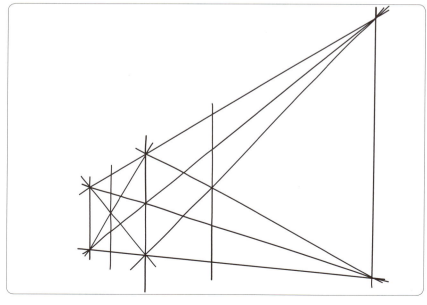

描いてみましょう

⚠ 注意点

定規を使えば正確に交点の位置を出せます。フリーハンドで線を引くと、右側の外壁面に適切な斜め線をまっすぐに引くのが難しいかもしれません。この場合は少し練習を積むようにしましょう。

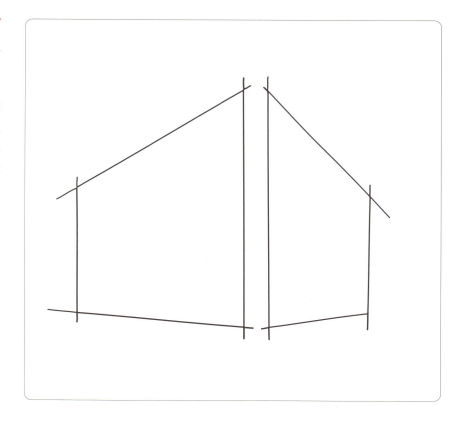

❓ ヒント

まず全体を2等分し、得られた2つの台形をそれぞれ2等分すると4等分できます。

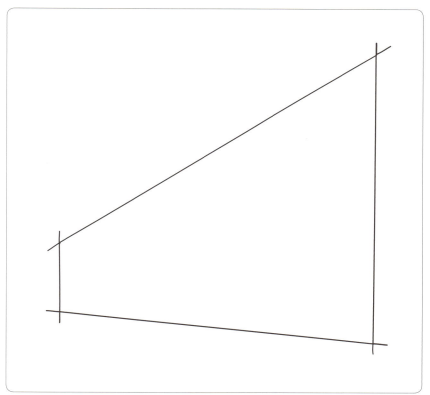

2-4　4本の柱を遠近表現で並べる

　均等配置で柱が4本ある場合、両端の柱の間は面が3等分されます。2等分や4等分はやさしいですが、3等分するときは少しコツが入ります。まず、完成図とだいたい同じ位置に、手前から3本目の柱を描きます。そのあとは2つの方法があります。対角線の交点を求め、その点と集中点を結ぶ線を引くという方法（上段）と、一番右側の縦の辺を2等分し、その中間の点と集中点を結ぶ方法（下段）です。

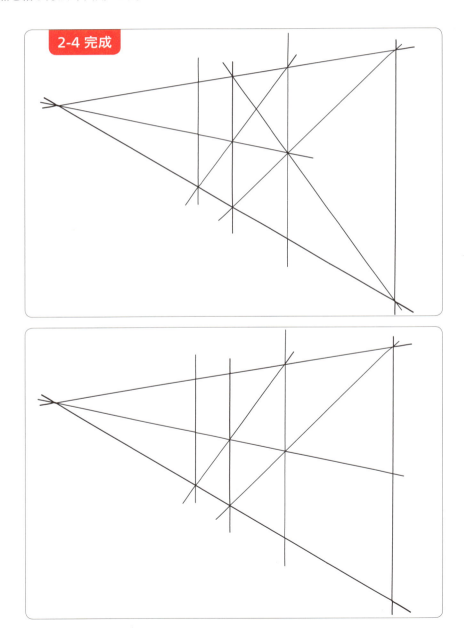

描いてみましょう

❓ヒント

柱は本来、2本の線で表現しますが、ここでは遠近表現における柱のピッチ（間隔）を理解していただくため、1本の線で作図します。手前から4本目の柱の位置を出すポイントは、線 **1** **5** の交点を通る線 **6** です。

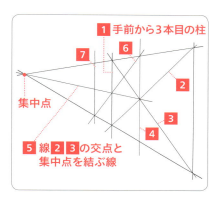

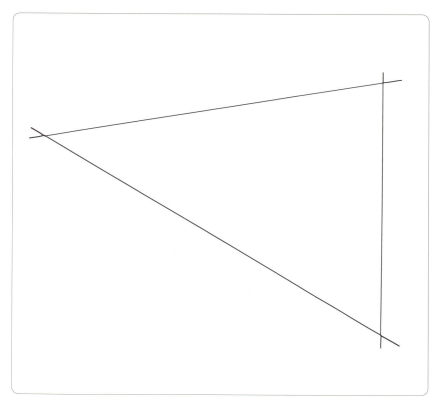

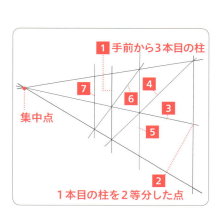

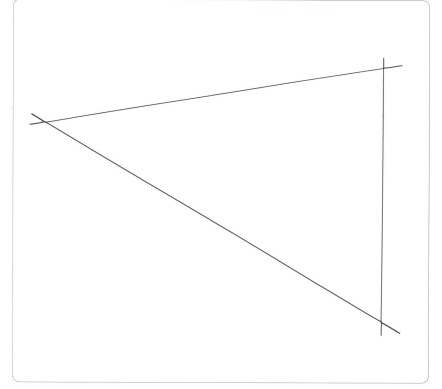

2-5 多くの柱を遠近表現で並べる①

　ここでは柱を9本、遠近表現で均等配置します。9本の柱ということは、遠近表現で両端の柱間を8等分する作図です。作図しやすいように、前項と同様に右上がりの構図で作図してみます。柱は本来、2本の線で表現しますが、ここでは遠近表現における柱のピッチ（間隔）を理解していただくため、1本の線で作図します。

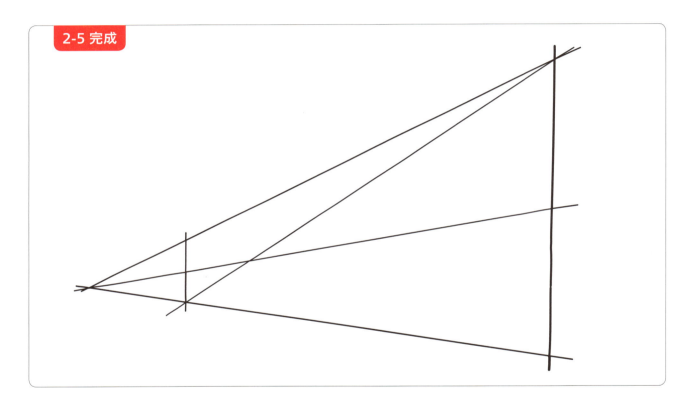

2-5 完成

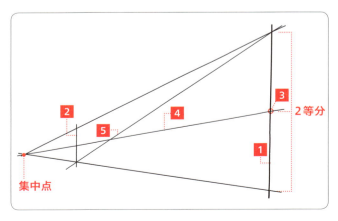

Point

▶ 右側に1本目の柱の線 **1**、完成図を参考に左側に9本目の柱の線 **2** を引く

▶ **1** と斜め2本線の交点を結ぶ区間を2等分する点 **3** を置く

▶ **3** と集中点を線 **4** で結ぶ

▶ **1** の上の交点と **2** の下の交点を線 **5** で結ぶ

描いてみましょう

■定規を使って描いてみましょう

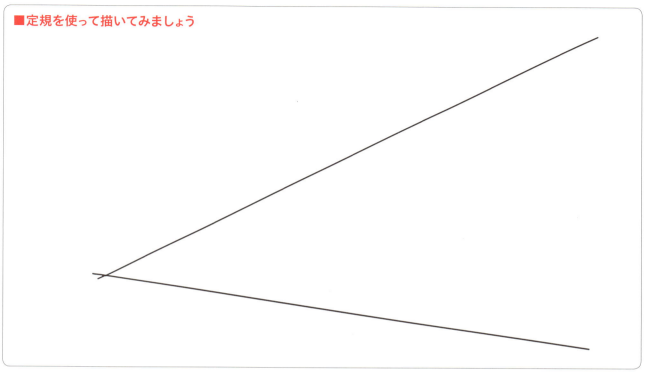

■フリーハンドで描いてみましょう

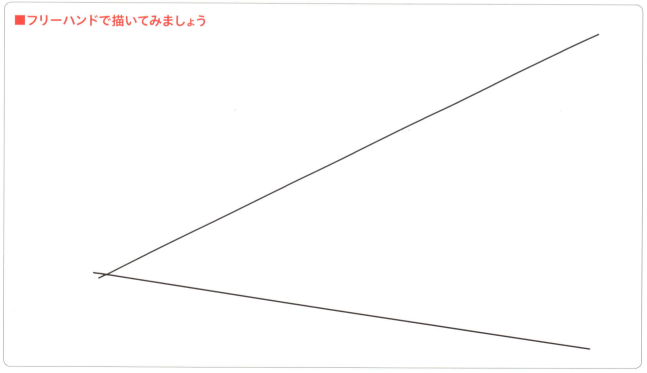

2-6 多くの柱を遠近表現で並べる②

　前項で作図した 4 と 5 の線の交点がポイントになります。この交点を通る垂直な線が5本目の柱です。この原理を、5本目の柱で分割された領域（四角形）に対して行い、3番目と7番目の柱を作図します。

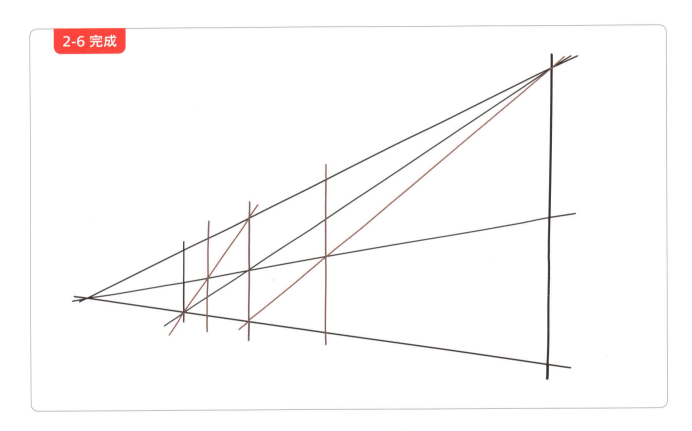

2-6 完成

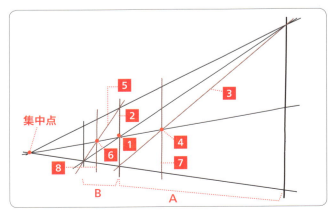

集中点

Point

- 交点 1 を通る垂直な線 2 を引く
- Aの範囲で前項 5 と同様の線 3 を引き、交点 4 を得る
- Bの範囲で前項 5 と同様の線 5 を引き、交点 6 を得る
- 交点 4 6 を通るそれぞれ垂直な線 7 8 を引く

描いてみましょう

■ 定規を使って描いてみましょう

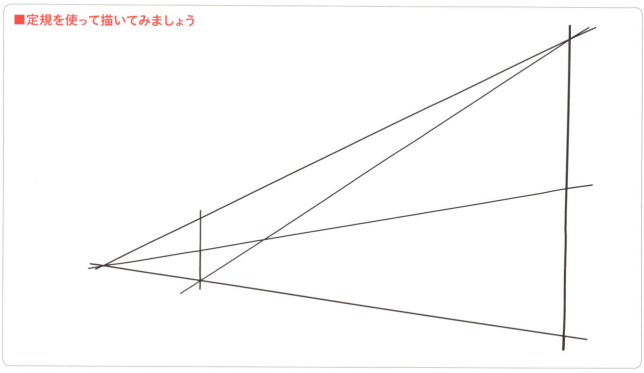

■ フリーハンドで描いてみましょう

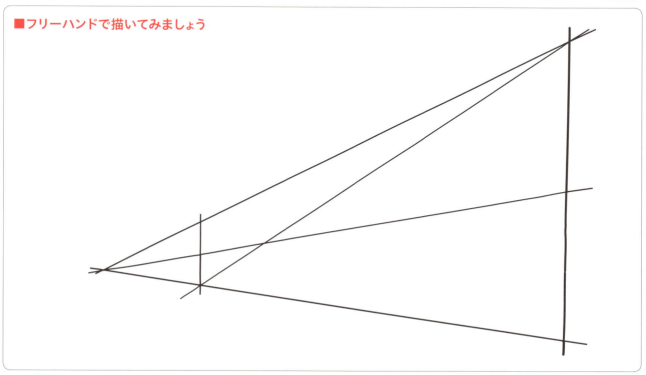

2-7 多くの柱を遠近表現で並べる③

　ここまでで、右から左方向へ順に、1, 3, 5, 7, 9番目の柱が作図できました（練習枠の図）。それぞれの柱の間に、1本ずつ柱を入れていけば合計で9本になります。作図の要領は前項までと同じです。柱の配置をみると、一番右の幅が以降の左の幅よりもはるかに広いことに気づきます。作図の間違いかも、と不安になるかもしれませんが、これが正解です。

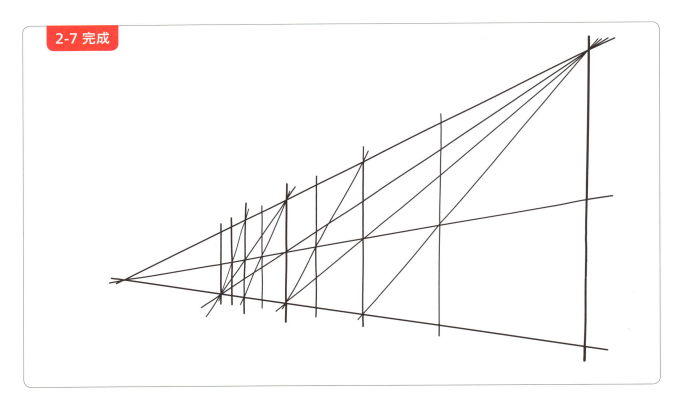

2-7 完成

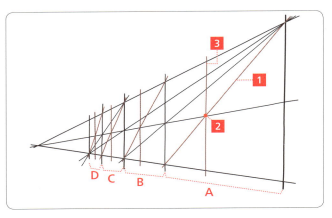

Point
- Aの範囲で2本の柱を結ぶ斜線 1 を引き、交点 2 を通る垂直線 3 を引く
- B〜Dの範囲でも同様にして垂直線を引く

描いてみましょう

■ 定規を使って描いてみましょう

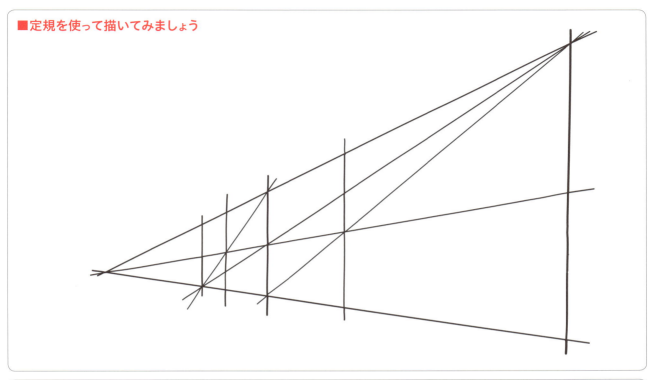

■ フリーハンドで描いてみましょう

⚠ **注意点**

フリーハンドで線をしっかり引けるには熟練がいりますが、スケッチを描く範囲なら、あまり精緻な作図は求められません。柱のピッチの原理を覚えておいてください。

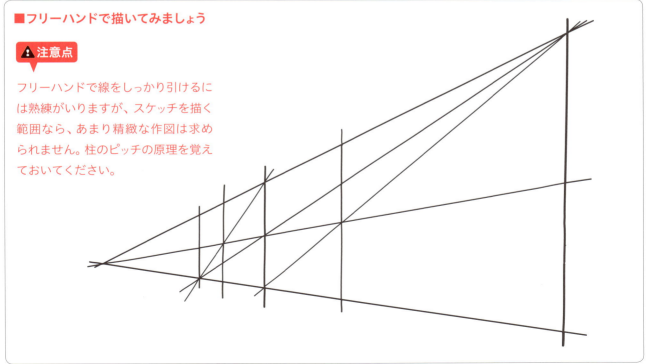

2-8 1点透視の構図

　四角い建物を例に1点透視の構図を作図します。簡略化するために、建物は3階建てで階高が同じ（3メートル程度）として、地面から1.5メートルに目線があるものとします。建物の奥行きは特に規定しません。幅についても階高の2倍の長さとしてみます。

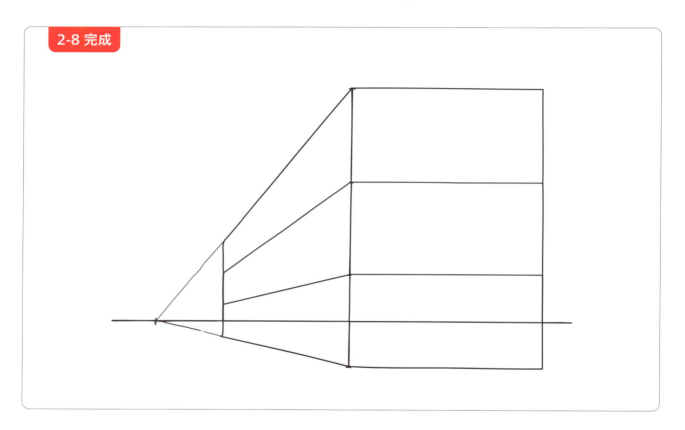

2-8 完成

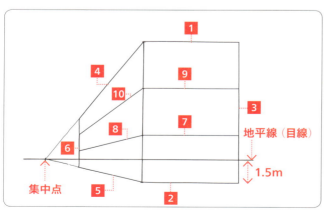

Point

▶ 線 1 2 7 9 は平行な線

▶ 線 4 5 8 10 はすべて、左側にある集中点に集まる

▶ 線 6 の位置は任意。完成に近い位置に線を引く

描いてみましょう

■ 定規を使って描いてみましょう

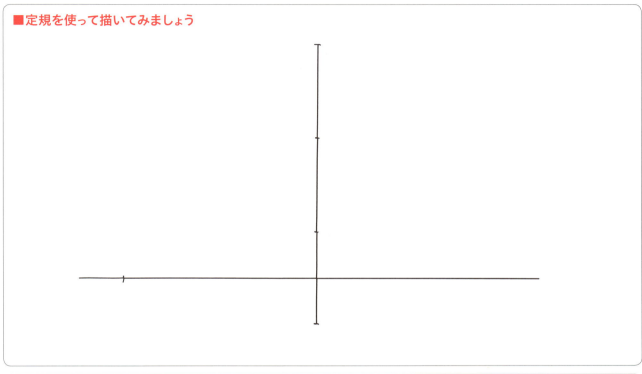

■ フリーハンドで描いてみましょう

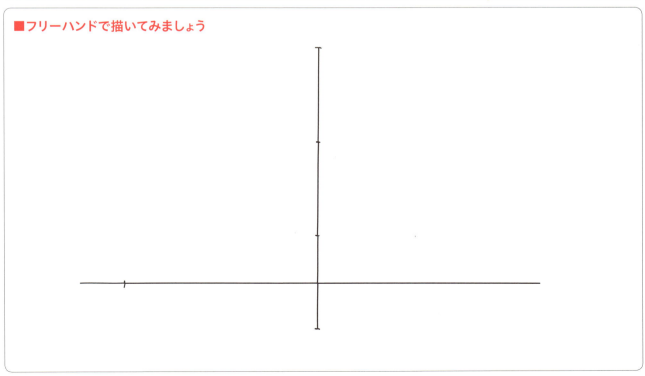

2-9 2点透視の構図

　続いて、同じような四角い建物を例に２点透視の構図を作図します。簡略の仕方も共通で、3階建てで階高が同じ（3メートル程度）、地面から1.5メートルに目線があるものとします。建物の奥行きや幅は特に規定しません。1点透視の構図にくらべると、大胆な形態になります。外壁面の大きなほうから作図すると描きやすいです。

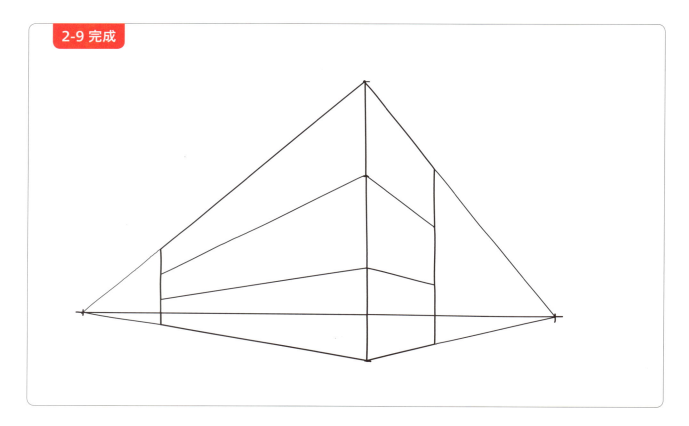

2-9 完成

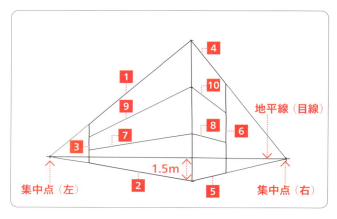

Point

▶ 線 1 2 7 9 は延長すれば、集中点（左）に集まる

▶ 線 4 5 8 10 は延長すれば、集中点（右）に集まる

▶ 線 3 6 は、地平線（目線）に垂直になる

描いてみましょう

■ 定規を使って描いてみましょう

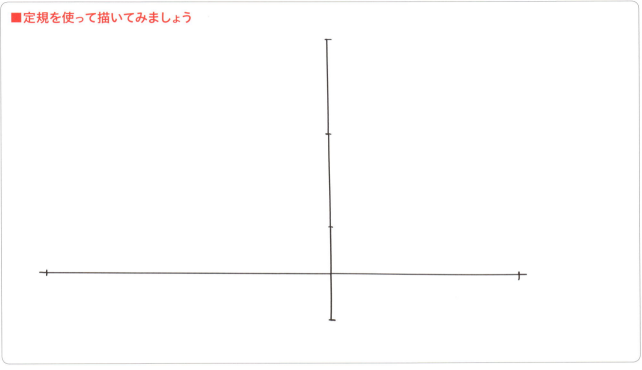

■ フリーハンドで描いてみましょう

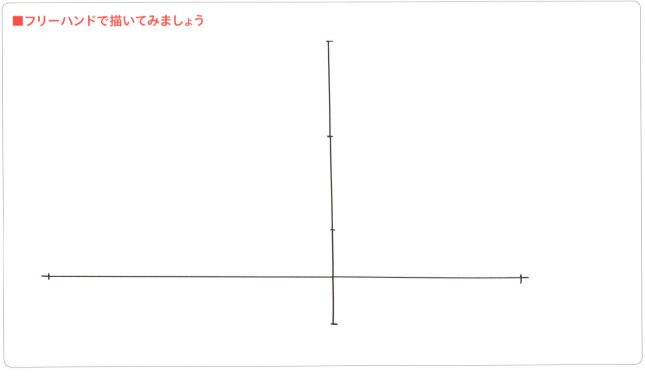

2-10 3点透視の構図

　3点透視は集中点が左右に1つずつあるだけでなく、上空、あるいは地面の下の方にも1つある構図です。3点透視の構図は、1点透視や2点透視ほど使う頻度は高くありません。とはいえ、タワー状の建造物などでは、上空にいくほど遠近効果があらわれますから、3点透視を使うとよいでしょう。ここでは、塔状の四角い建物をイメージし、斜め線で建物の上端と左右の端がすべて規定される様子を知り、3点透視の基本を理解することにします。

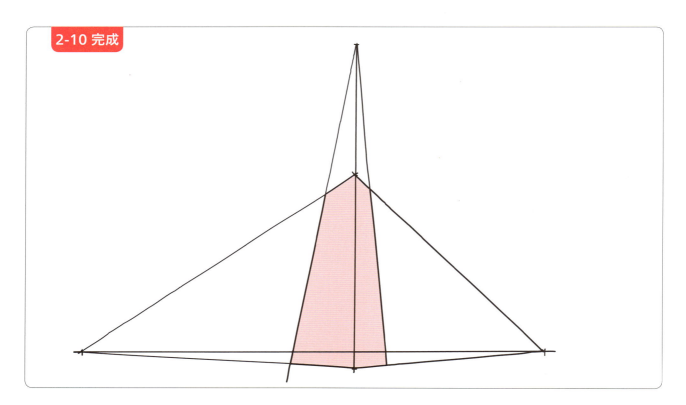

2-10 完成

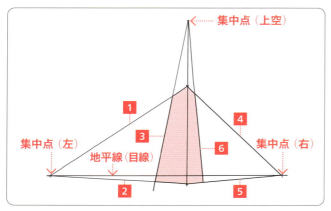

※上図で4、5にあたる線は、それぞれ線1、2に続けて先に引いてもかまいません

Point

- 建物の幅は任意。完成に近い大きさで作図する
- 線1 2を延長すると集中点(左)に集まる
- 線4 5を延長すると集中点(右)に集まる
- 線3 6を上空に延長すると集中点(上空)に集まる

描いてみましょう

■定規を使って描いてみましょう

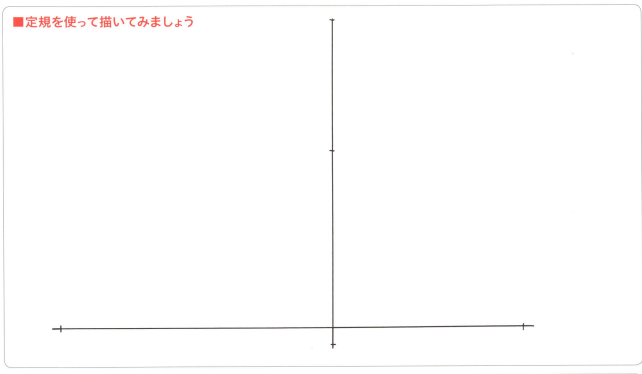

■フリーハンドで描いてみましょう

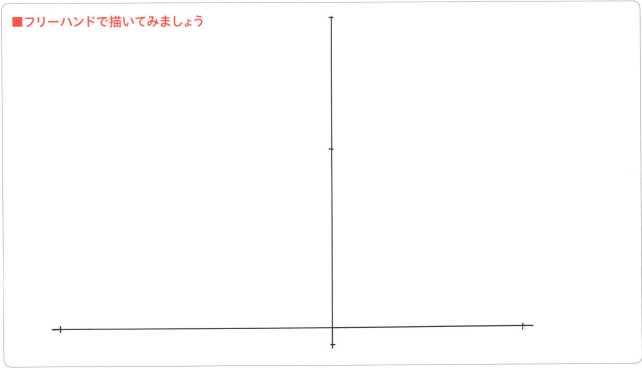

2-11 2点透視で階段を描く①

　階段の表現には方法がいくつかあり、構図や作図スピードの違いに応じて使い分けます。ここでは、2点透視でもっとも理解しやすい描き方として、まず斜めの面として階段をとらえる方法を紹介します。スタートの図は、左の斜め線の途中に階段の幅にあたる位置、右の斜め線には斜めの面の大きさを決める位置にそれぞれ印をつけてあります。右側の2本の斜め線は、階段の高さを示しています。

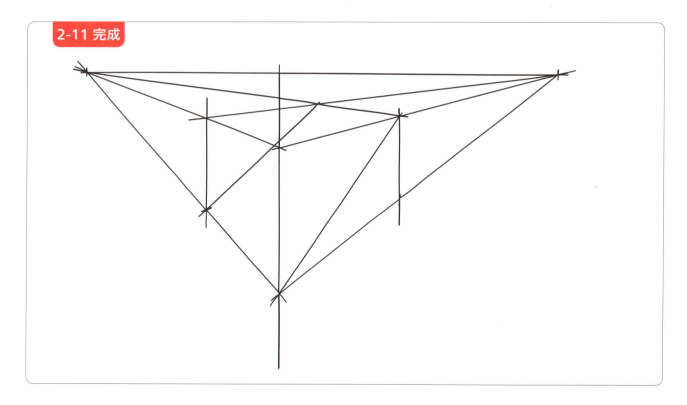

2-11 完成

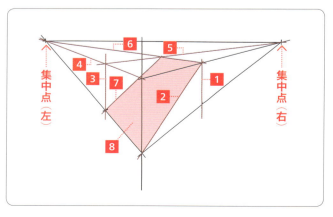

集中点（左）　集中点（右）

Point

▶ ここでは斜めの面 8 を得るのが目的
▶ 線 1 と線 3 は垂直に引く
▶ 線 4 と線 6 は集中点（左）に集まる
▶ 線 5 は集中点（右）に集まる

描いてみましょう

■定規を使って描いてみましょう

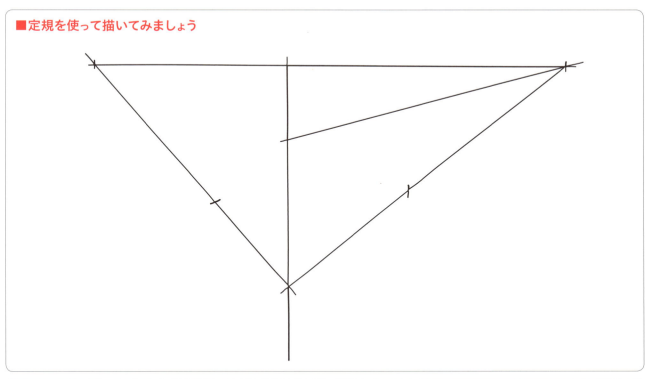

■フリーハンドで描いてみましょう

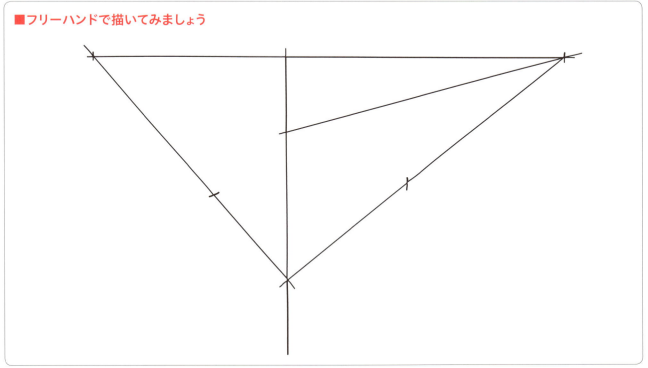

2-12 2点透視で階段を描く②

　段の部分の作図に入ります。ここではまっすぐな4段の階段を描きます。完成図の斜めの面と段の関係をよくご覧ください。階段の側面にできる三角形の斜辺と直交する2つの辺の関係を利用します。最初に中央の垂直な線で階段の高さを示している部分（下の図のA）を4等分し、各段の高さを決める基準とします。ここでは4段ですが、応用するときは、段数に応じて高さ方向を等分します。

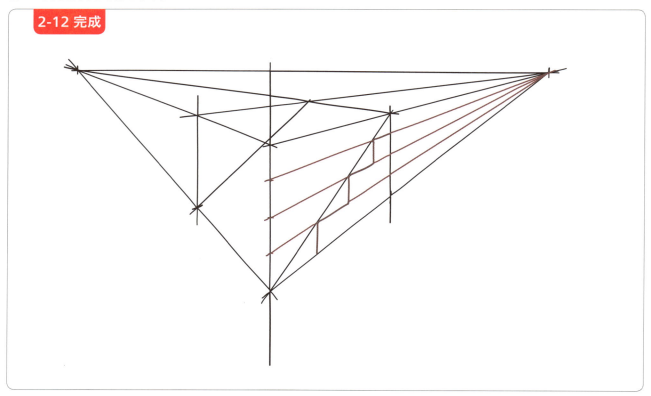

2-12 完成

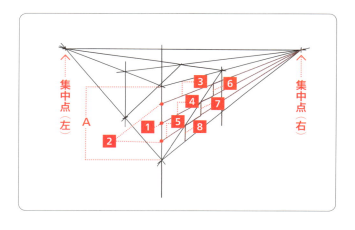

Point

▶ Aの範囲を2等分する点①を入れ、分割された範囲をそれぞれ2等分する点②を入れる

▶ 点①②と集中点（右）をそれぞれ線③④⑤で結ぶ

▶ 線③④⑤と面の右側の斜線との交点から、それぞれ垂線⑥⑦⑧を下ろす

描いてみましょう

■ 定規を使って描いてみましょう

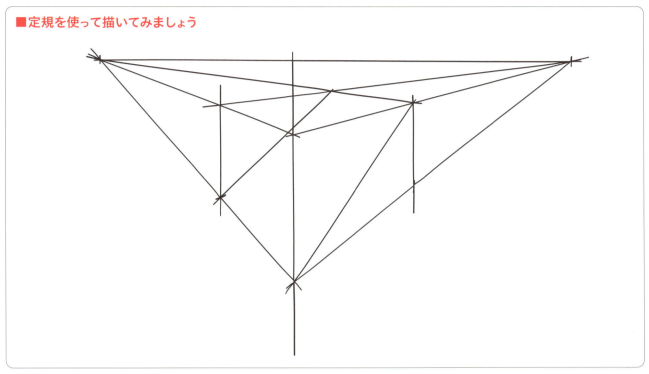

■ フリーハンドで描いてみましょう

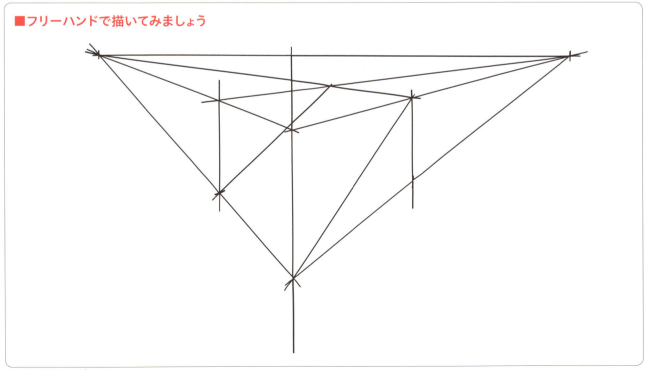

2-13 2点透視で階段を描く③

　側面で段の形状をすでに作図してありますから、階段の幅分だけ、集中点（左）に向かって線を引き、あとは段差の垂直線を引いて完成です。ここでは4段の階段を描きましたが、階段は通常、もっと段数がありますね。作図する上では、段数が多いと作図の線が錯綜し、交点を見誤りがちです。実践では、交点だけを見つけるために引く線は、交点の近くだけで引くようにするなど、線の密度を下げる工夫をします。

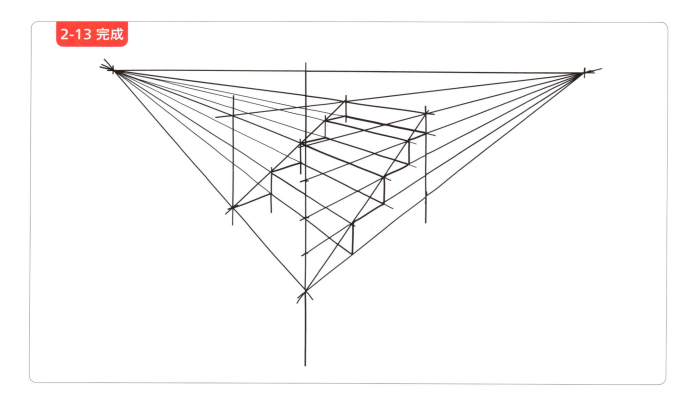

2-13 完成

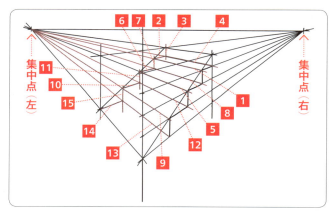

Point

- 左の集中点に向かう線を階段の蹴上げ（一段の高さ）の線とする
- 線 2 6 10 14 は右の集中点へ向かう線
- 線 3 7 11 15 は階段面の左側と左の集中点に向かう線との交点から下ろした垂線

描いてみましょう

■ 定規を使って描いてみましょう

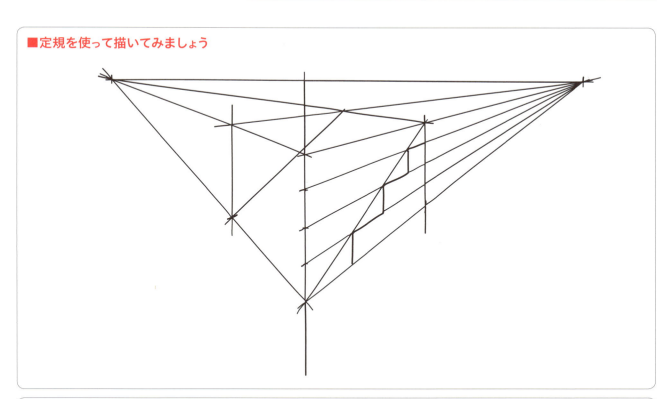

■ フリーハンドで描いてみましょう

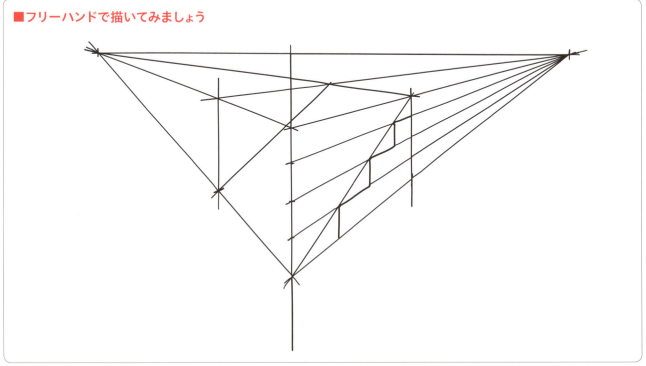

2-14　1点透視で階段を描く①

前項までの2点透視で階段を作図するのにくらべると、ずっとやさしくできる作図があります。1点透視の階段です。同じように4段の段数で作図してみましょう。集中点にまっすぐ伸びる線をもとに、階段を作図していきます。

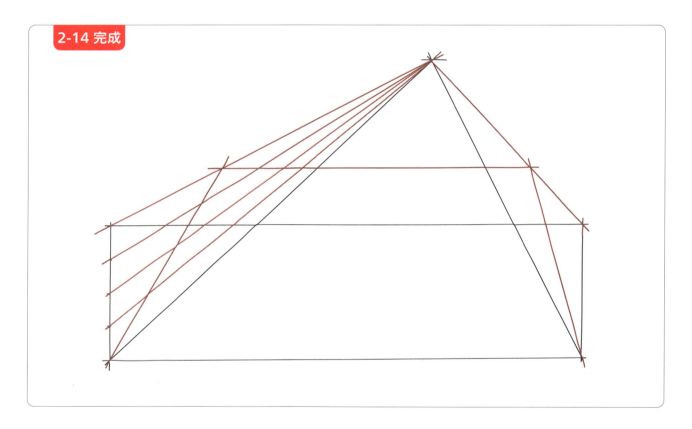

2-14 完成

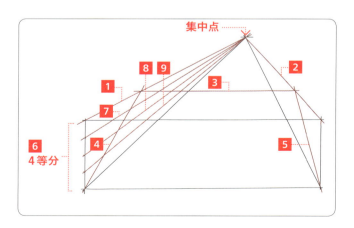

Point

- 四角形の上の角の交点から集中点に向かって線 1 2 を引く
- 線 3 が階段の始まる位置。完成図を見て、だいたい同じ位置に水平線を引く
- 3 と 1 2 の交点を線 4 5 で結び、階段の斜めの面をつくる
- 線 6 を4等分して階段の蹴上げ（一段の高さ）とし、集中点に向かう線 7 8 9 を引く

描いてみましょう

■ 定規を使って描いてみましょう

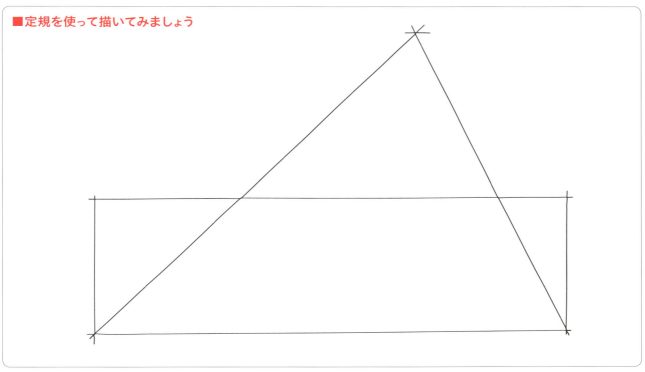

■ フリーハンドで描いてみましょう

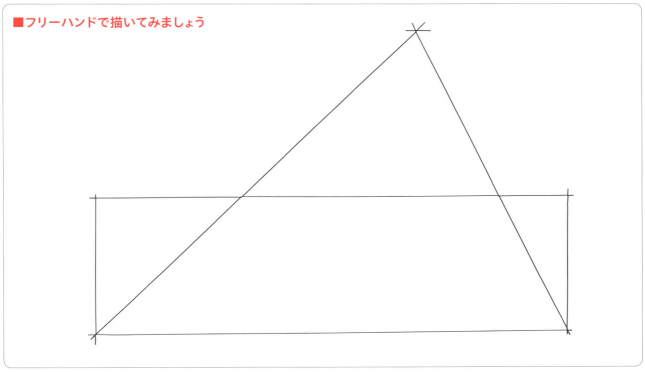

2-15 1点透視で階段を描く②

　階段の左側で行った垂直方向の4等分を、右側でも行います。そして、階段の傾きを示す線と集中点に向かう線の交点から垂直な線を下ろし、階段の幅の線を作図して、1点透視の階段を完成させます。

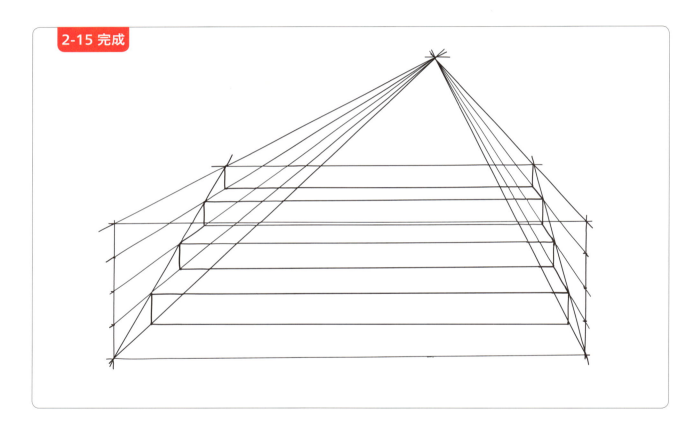

2-15 完成

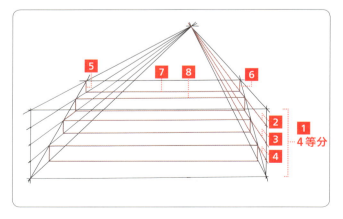

Point

- 右側も4等分し、集中点に向かう線 2 3 4 を引く
- 階段の傾きにあたる線と、集中点に向かう線との交点から、蹴上げとなる垂直線 5 6 を引く
- 階段幅の線 7 8 を引く。以下の段は同様にして作図する

描いてみましょう

■ 定規を使って描いてみましょう

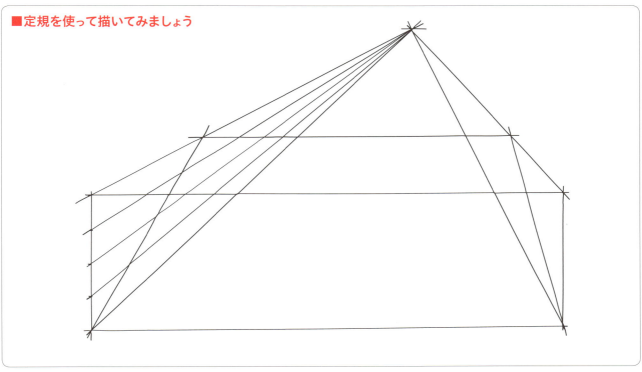

■ フリーハンドで描いてみましょう

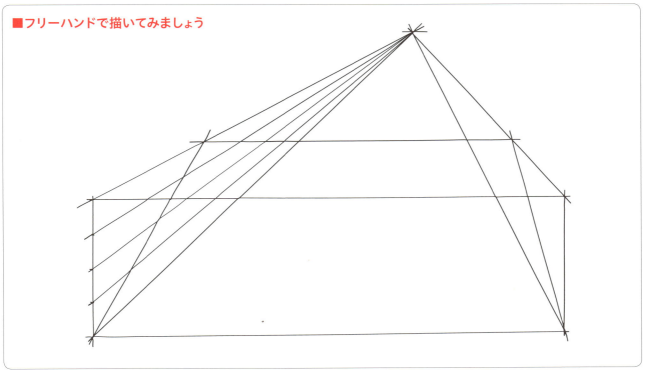

2-16 1点透視による、組み合わせ練習

ここまでに紹介した作図方法を組み合わせて、分割された壁と階段のあるアプローチの風景をスケッチしてみましょう。
下図のような仕上がりイメージです。鉛筆でラフに塗ってみましたが、目的は塗りではなく適切な配置と順序による線描のマスターです。分割された壁を描いてから、階段を加えます。集中点の位置はあらかじめ設定してあります。

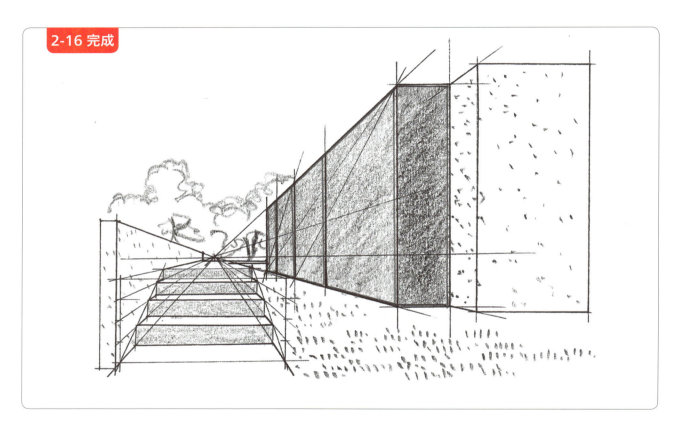

Point

▶ ドットや植栽の表現は、第1部の1-6（P20）や1-9（P26）を参考

〈壁〉
▶ 線 1 12 15 18 は任意の位置、線 10 11 16 17 は任意の長さでよい。完成図と大体同じ位置、長さにする
▶ 線 13 14 は集中点に向かう

〈階段〉
▶ 作図のベースとなる線 1 2 3 4 をまず描く。あとはP62〜64と同じ要領で階段を作図する
▶ 左側にある塀は階段を作図してから描く

■ 壁を描きます

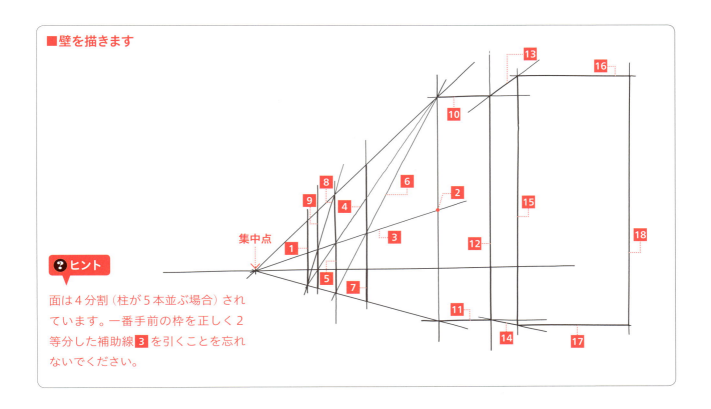

?ヒント

面は4分割（柱が5本並ぶ場合）されています。一番手前の枠を正しく2等分した補助線 3 を引くことを忘れないでください。

描いてみましょう

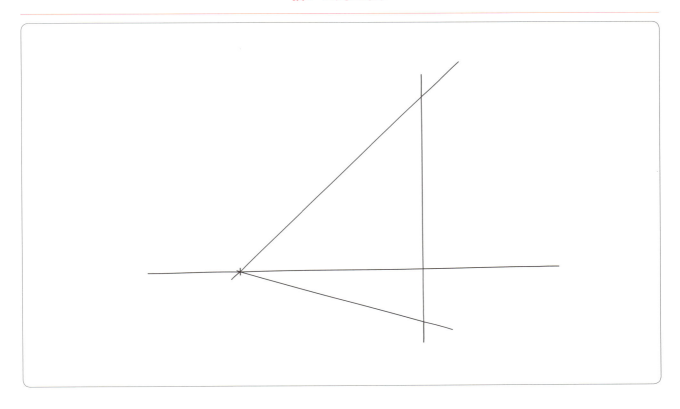

■階段を加えて完成です

❓ヒント

色線で示す台形（階段の斜めの面）を最初に得るように作図していきます。

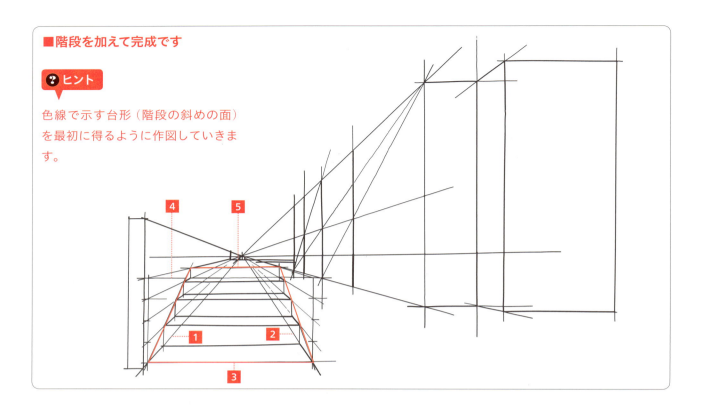

描いてみましょう

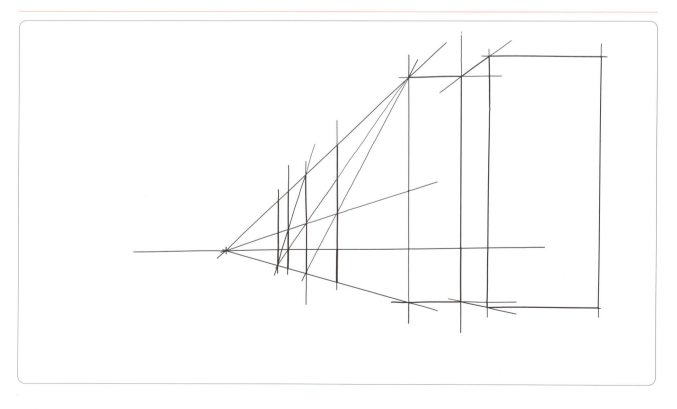

第3部

スケッチテクニック基本の「き」

ここではあくまで基本に徹して、代表的なテーマにこたえるように題材を選び、練習できるようにしています。
すこし複雑なのが吹抜け空間などを、ささっとスケッチする練習でしょう。
断面を図面のように線で描いておくと、そのあとの作業がとても楽ですが、
断面として光景をとらえるところが高度な作業です。
立体感の表現や人物を入れるところは、基本事項のみの練習として入れてあります。
立体物を量感あふれる表現にするのに、陰影の効果は欠かせませんが、複雑な形状のものは陰影をつけるのに
手間も多く発生します。ここでは効果の手ごたえをつかんでいただければよいでしょう。
なお、家具などを練習するページもありますが、あくまで線描に慣れ親しんでいただく範囲の題材にしています。

3-1 扉や窓を線で生き生きと描く

　扉と窓を描いてみましょう。一般的な窓では絵になりにくいので、完成図のような開口部の題材を用意しました。石や木の素材感を線で表現できれば、美しいスケッチになります。木目を示す曲線や石の積み上がった様子をしっかり描きましょう。まず、上の図をお手本にして、窓から挑戦です。次に、下の図をお手本にして、右側の扉を描きます。窓と扉を正面からとらえて描く構図なので、この題材も正確には1点透視で描いています。

3-1 完成

描いてみましょう

？ヒント

最初に太線の縦横の比率を見ながら、窓の輪郭を描きます。

？ヒント

扉の下に石が2つ敷いてあります。その目地の方向は、奥行き方向を感じさせるように斜めに引きます。

3-2 集中点を変えて外観の違いを理解

　建物のスケッチでは、人の立っている目の高さで集中点を設定して描きます。集中点を高めに設定すると、それだけでかなり違ったスケッチになります。それを練習しましょう。上の図は自然な目の高さに集中点（図の●）を設けています。下の図の集中点は、2階の高さです。玄関にいたるアプローチを見下ろす構図になります。なお、さらに高い位置に集中点を設ければ、正面の斜め屋根の屋根面が見えるようになります。

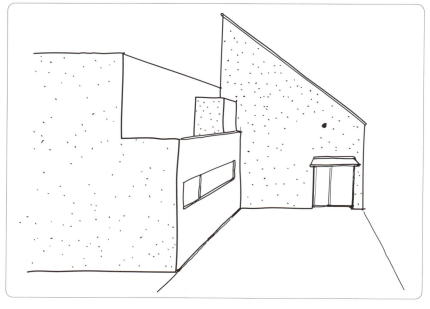

描いてみましょう

❓ヒント

奥に向かう線はすべて集中点に向かいます。

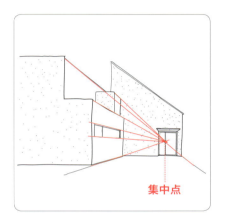
集中点

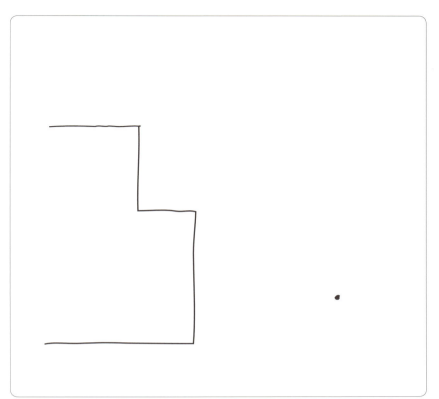

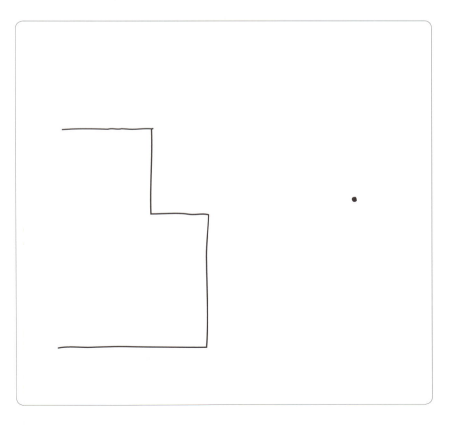

3-3　俯瞰の構図では屋根の線に注意

　建物を俯瞰（ふかん）した構図では、屋根の重なりが豊かな表情を生みます。このような俯瞰の構図のときは、屋根の棟と軒の線が集中点に向かうように描くと、奥行き感が出ます。下の図は、上の図のスケッチを鉛筆で軽く塗った例です。雨の流れる方向に沿って平行に線を引くと、屋根らしくなります。

描いてみましょう

❓ヒント

この例のように並ぶ2棟の棟と軒の方向は1つの集中点に向かいます。なお、右側にある直交する配置の建物の軒についても同じ集中点に向かいます。

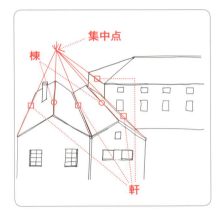

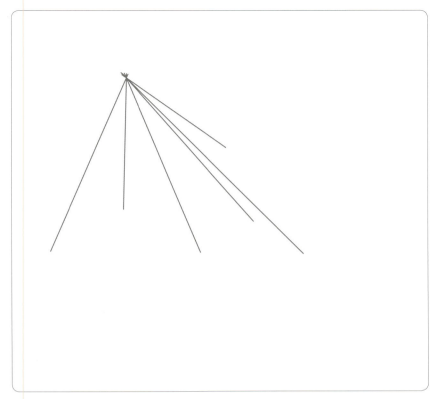

3-4 細部を省略して屋根を描く

　屋根は、特徴的な細部の表現が映える部位です。ただし、この細部をきっちり描こうとすると、時間も手間もかかります。たとえば瓦屋根は、瓦表現が難しいですね。そこで屋根面のうち一部だけ描くなら負担はかなり軽減されます。上の図は右下と左上の一部だけ、瓦屋根を描く手法をとっています。これでも瓦屋根であると十分に伝わります。下の図は柿（こけら）葺きの屋根ですが、これなども横線の重なりだけで表現できます。

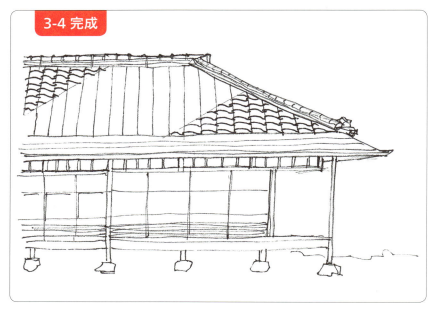

描いてみましょう

⚠ 注意点

この題材では、雨樋は省いて表現しています。ここでは、練習として部分的に描きますが、屋根の面積がさほどでもない場合には、全面的に描写したほうがよいでしょう。

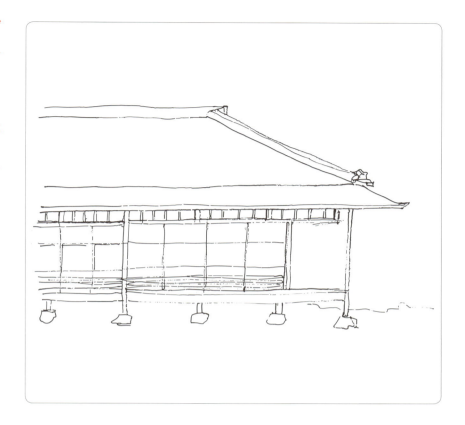

❓ ヒント

柿葺きの屋根は、なるべく繊細な線の重なりで表現するとよいでしょう。

3-5 コーナーを中心に洋館を描く

　建物では、コーナー部分に建物の特徴が集約して発揮されることがあります。洋館では石積みらしさがコーナーにあらわれます。これを題材にしましょう。練習の上枠ではコーナーの石の位置を線で示し、左側には集中点を入れてあります。下の図は、洋館の完成図です。実際の建物に比べるとかなり簡略化しましたが、リズミカルな窓配置が洋館らしさを伝えます。窓の配列は、典型的な遠近表現です。

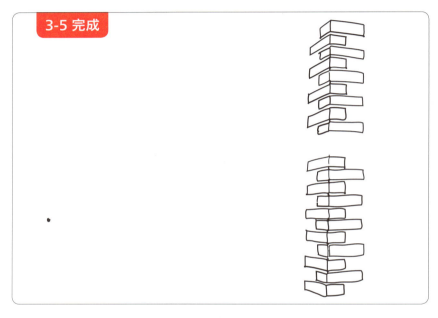

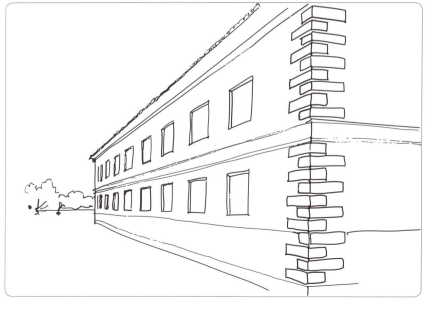

描いてみましょう

❓ヒント

目安となる縦線を入れてありますので、横線でつないでいけば、コーナーが描けます。一からチャレンジする場合は、左側の集中点から伸びる線でレンガの向きや位置を決めて描いていきましょう。

練習枠の縦線

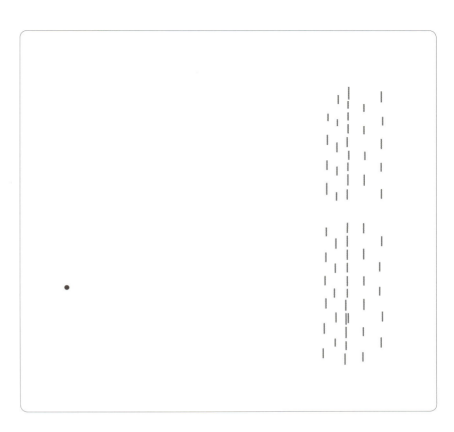

❓ヒント

集中点に向かう線をヒントに洋館を描いてみましょう。左方向にいくほど窓の幅が細くなるように描きます。

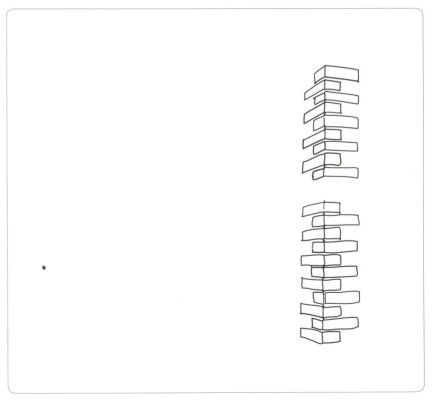

3-6 椅子を描く

　椅子やテーブルなどを単体で描く場合の目線は、展示売り場で商品を見るのと同じで、見下ろす感じになります。ただ、家具を含む室内全体を描く場合には、もう少し目線を下げて描く場合もあります。お手本はペンで表現してあります。下描きを鉛筆でおこなってからペンで描くほうが確実です。

3-6 完成

描いてみましょう

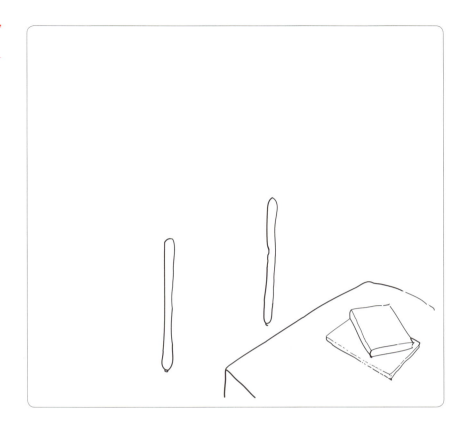

❓ヒント

椅子の座板はテーブルと同じように床面と水平な関係です。そう見えるように座板の向きを意識して描きましょう。

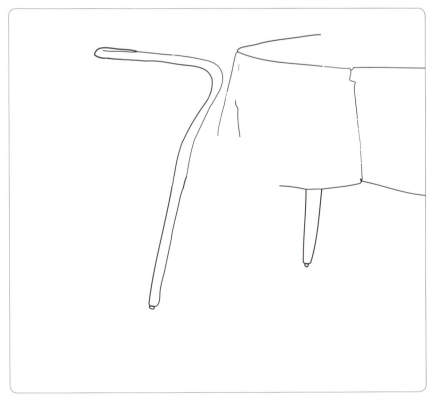

3-7 ソファーなどのある一角を描く

　室内に置かれた家具については、床から1.5メートル前後の高さの目線から描くのもよいですし、ここに示すように、目線をいくぶん下げて構図を設定し、スケッチするのもよいでしょう。目線が下がる分、天井面が高く見えますから、室内の空間の広がりを感じます。この2つの例とも、要素を少なくして、線描の感触をつかめるようにしています。

3-7 完成

描いてみましょう

❓ヒント

この練習ではあまり遠近感を気にせずに、家具のそれぞれの部位の大きさと家具相互の位置関係に気を配って描いてみましょう。まず、もっとも大きな要素から描き始め、大まかな形をつかみます。この練習ではソファーがそれに該当します。

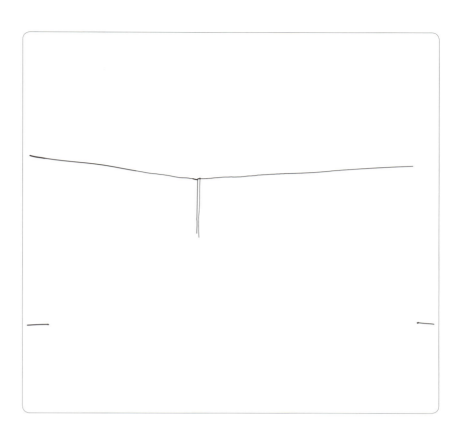

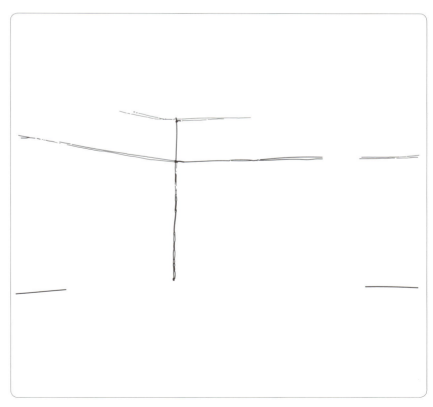

3-8 遠近表現で床を描く

　奥行き感の強い構図にするには、壁面だけでなく、規則的な床パターンも遠近表現するとよいでしょう。練習の上枠では、集中点の位置とパターンの手前の水平線を最初に絵に入れてありますから、長方形のくり返しパターンが徐々に縮小する様子を作図しましょう。この作図はフリーハンドでトライします。線描したあと、鉛筆で面を塗ります。

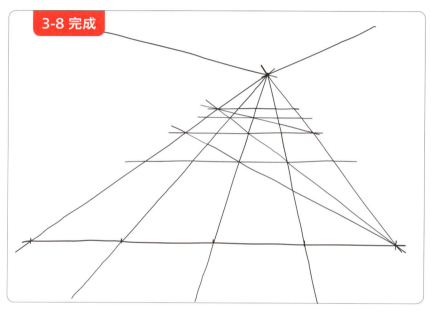

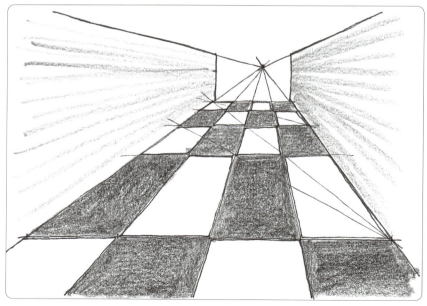

描いてみましょう

❓ヒント

1 の位置は、完成図を見て、同じような位置に線を引いてください。
2 で、手前の水平線を4等分します。これはできるだけ正確に出しましょう。2等分しさらに2等分すると、4等分です。

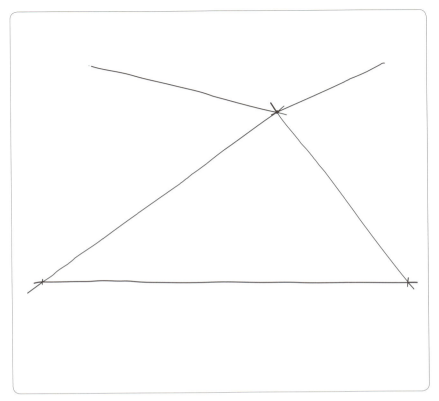

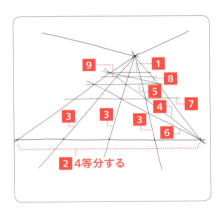

❓ヒント

両側の壁はずっと先まで伸ばしてもよいですし、途中で止めてもよいです。

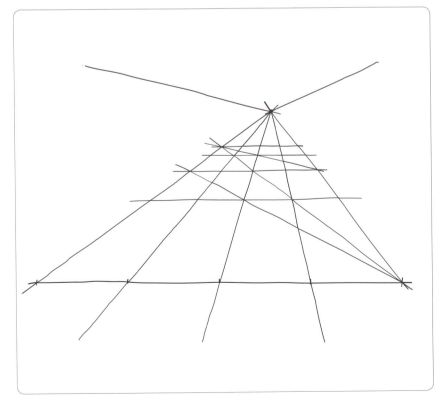

第3部　スケッチテクニック　基本の「き」　085

3-9 吹抜け空間を表現する

　図は、吹抜け空間を2階の廊下から見ているとしています。まず、集中点を決めて、そこから斜め線を引いてみましょう。ここでは1点透視図法を使います。次に、下の図のように部屋の雰囲気を描いてみましょう。このスケッチでは、右側の壁は天井までガラスとしています。

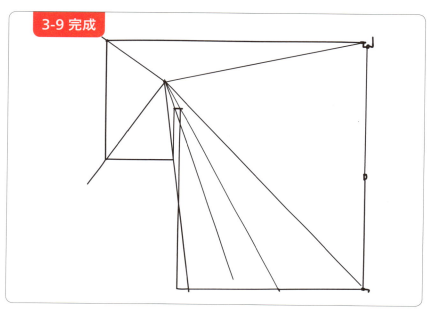

3-9 完成

描いてみましょう

?ヒント

図は室内の断面形状をあらわしています。2階の廊下などで透視図法を使う場合、2階の床から1.5メートルの高さに集中点を設けます。

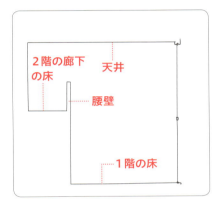

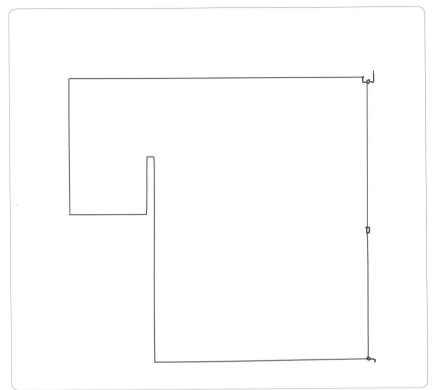

?ヒント

位置関係は以下のようになります。

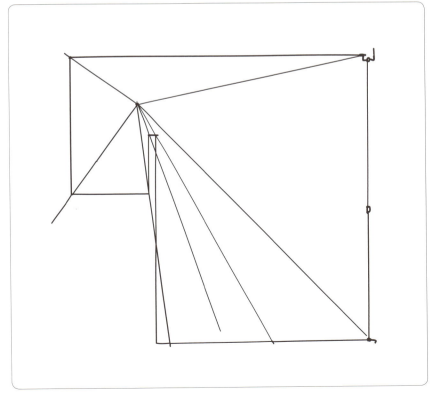

3-10 中心をそろえて立体を積む

　ヨーロッパの教会や修道院などに見られる鐘楼は、直方体の上に四角すいが載った立体です。うまく載せないと、塔がゆがんだりずれたりしてしまいます。このようなときは、直方体の上面にある四角形に対角線を引き、その交点からまっすぐ上空に線を伸ばせば、頂部は必ずその線の上にあります。建築物に限らず、とりわけシンボリックな立体形状のものを描くのに使える方法です。

描いてみましょう

> **❓ヒント**
>
> 何度もエスキスしながら形をとらえる手法も大切ですが、スピーディーかつ正確に描くときは、対角線を使った線描が有効です。

> **❓ヒント**
>
> 建物の一部を拡大して描写するときには、正確に作図するよう心がけましょう。

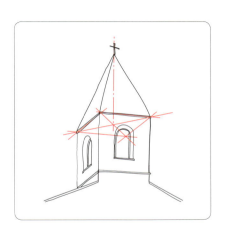

3-11 陰影で立体感を出す

　地中海の家並みは、四角い箱を重ねた集住形式で知られています。上の図は、その光景です。輪郭線だけのスケッチに陰影をつけることで、立体感が生まれます。下の図は、洋風の窓を正面から見ています。こちらも影をつけることで、立体的な窓の表現となります。

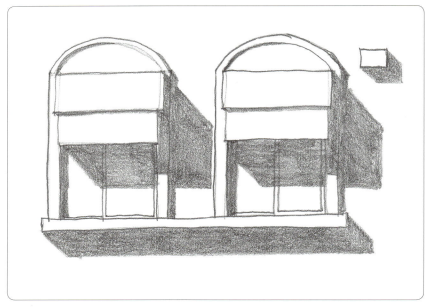

描いてみましょう

⚠ 注意点

いずれも、ペンではなく鉛筆で面を塗ってみましょう。

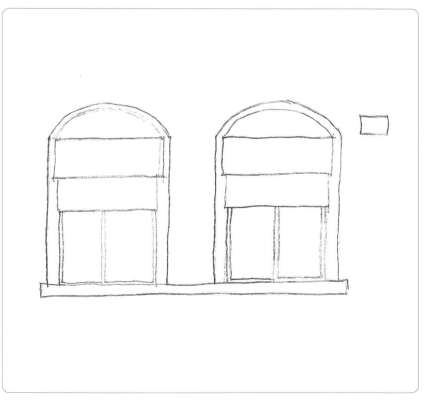

3-12 陰影に濃淡をつける

　陰影に濃淡をつけると、見る人に立体感をより強く意識させることができます。建築系の人工物の陰影と、樹木などの有機的な形状の対象を組み合わせて描いてみましょう。イタリアなどでよく見かける糸杉とレンガ造の建物の組み合わせを、上の図を参考に線描し、下の図を参考に陰影をつけてみましょう。

描いてみましょう

> **? ヒント**
>
> 壁と屋根の境目の線を補助線で入れてあります。これをもとに作図していきましょう。

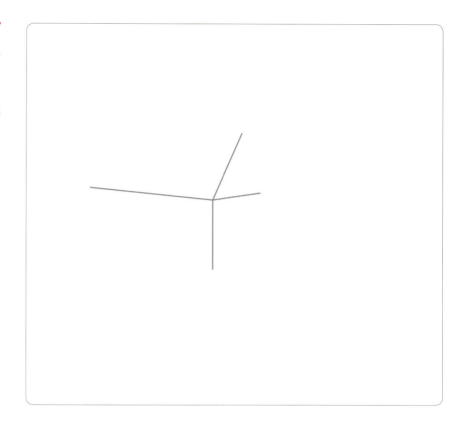

> **? ヒント**
>
> 右方向から太陽の光が当たるとして、建物の外壁の右半分は明るく、左半分は相対的に暗めにします。独立木の陰影は地面あるいは雑草の上だけでなく、建物の外壁にも一部、投影するようにします。

3-13 陰影で表現の幅を広げる

　陰影による効果は立体感を出すだけではありません。上の図は、太陽の光の入射角度によって、わずかな凹凸も陰影として表現され、彫りの深い外観に変貌した例です。下の図では、建物のシルエットや人の影を投影することにより、広場の空間性を読み取る手掛かりとなります。

描いてみましょう

> **? ヒント**
>
> 練習では完成図をもとに陰影の作図をしていますが、実際は日差しの強い日に構図を決めて写真を撮り、その写真を見ながら陰影を模倣します。印象的な影は表現の幅を広げますから、そんな場面に出会ったときは、写真で記録に残しておくことをおすすめします。

3-14 スケッチの中に人物を加える

　建物のスケッチでは、人物を描き加えることで、親しみがはるかに増します。スケール感も人物が1人入るだけでずっとわかりやすくなります。まず、描く人の大きさの大小に応じた表現の程度を知りましょう。肩から上を1とすると、全身は7くらいがリアルな比率です。

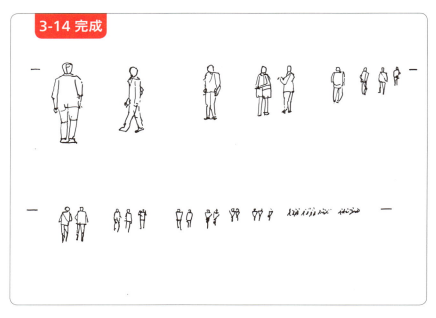

描いてみましょう

> **❓ヒント**
>
> 左右にそれぞれある水平の線を結ぶと目線になります。この位置と人物の目の高さを合わせるのがコツです。

> **❓ヒント**
>
> 完成図では人物を2人加えてあります。建物の背後にある地平線が目線です。人の大きさにもよりますが、頭（目）の位置が目線の上にのるように描き、上下に適切に配置します。

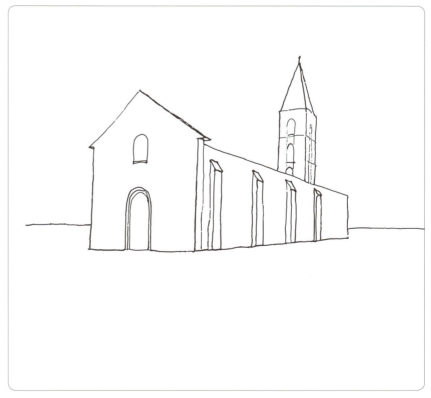

3-15 住宅の外観スケッチを描く

　この住宅のスケッチでは、特徴的な斜め屋根を強調するために高さをやや誇張しています。練習の上枠は、立体的な形状がわかるように輪郭線中心で描きます。次に練習の下枠では、住宅の輪郭線に、窓や玄関、点景として独立木、潅木、人物などを加え、簡単に鉛筆で外壁の一部を薄く塗って完成です。

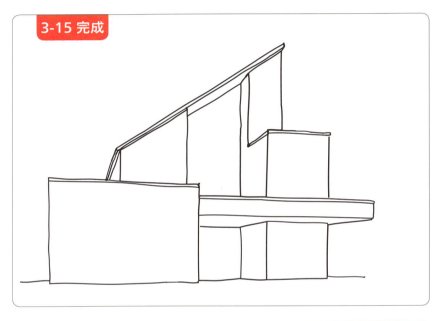

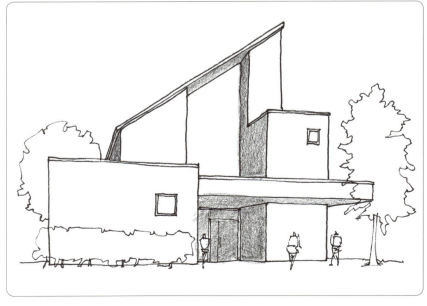

描いてみましょう

?ヒント

まずラフに、左下の長方形、右中の庇の横長の長方形、右の縦長の長方形の3つを配します。次に、斜め屋根の左下がりの線を入れて、全体のシルエットを定めます。

その後、改めて左側の集中点の位置を決め、斜め線を的確に引き、全体の形を描いていきます。傾きの角度に注意しましょう。

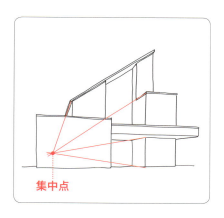

集中点

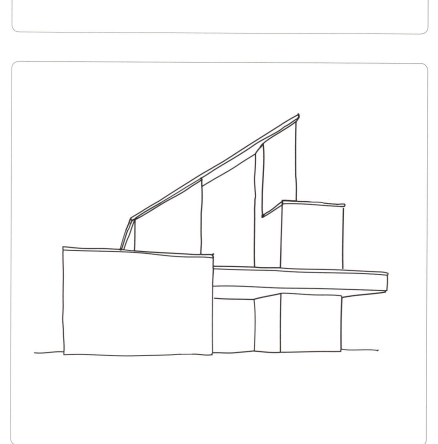

第3部　スケッチテクニック　基本の「き」

column 濃い塗りと線描の組み合わせ

　線描と塗りの微妙な関係を知れば知るほど、表現力の幅が拡大します。たとえば、日本の伝統建築は軒の出がとても大きいため、太陽高度との関係から、その陰影は長くもなり短くもなり、刻々と外観を変貌させます。

　スケッチAは台東区にある、移築された商家です。強い日差しのもとでは、影が濃く落ちる部分があるため、せっかくの格子模様などの線が埋没しかねません。このような場合は、濃淡をコントロールして、かなり濃く塗りながらも、線描がかすかに浮かび上がるようにします。線が浮かび上がる程度のほどよく濃い塗りは、ややうすめの黒色の絵の具をパレットに出し、2回、塗り重ねるなどの方法で得られます。

　もっと濃く塗った陰影も、場合によっては有効です。スケッチBの銀閣寺のように、面的に相当に黒く塗ることで、屋根形状の輪郭をはっきりさせ、火灯窓を壁面に鮮やかに浮かびあがらせます。この濃さは、水をほとんど使わず、絵の具チューブからそのまま取り出して塗ることで得られます。

スケッチA

スケッチB

第4部
図から起こすパース基本の「き」

上から見た図面（平面図、配置図）と、垂直面を示す図面（正面図、側面図）から立体を作図することがあります。
建築ではこれらをパース（透視図）と呼び、プレゼンテーションなどで活用します。
ここでは、それらの図のどれかを使用して、パースを描く方法を紹介します。
ただし、建築の図面は非常に複雑なため、ひとつひとつ丁寧に進めると作図が煩雑になってしまいます。
そこで、本書では基本を理解できるよう、簡略化した図を使って説明します。
図面からパースを描き出す作図のしかたは、いくつかの方法が知られています。
ですが、練習して覚えるならこれが一番覚えやすいと思う方法を、ここでは採用しています。
おそらく図面からパースを起こすやりかたの中では、もっとも普及しているやりかただと思います。
私にとっても親しみのある作図法です。

4-1 パースの作図手順

　図面は形状を数値で規定しているので、図面を使ってパースを作図すると正確に表現できます。とくにエントランスや開口部の大きさを正しく配列したいときなどに有効です。練習する前に、どのような手順でパースを作図するかを解説します。原理を理解してもらうのに、建物に見たてた立方体を使って説明します。

ステップ1　建物の配置図あるいは平面図を置く

　この正方形は、建物を上から見下ろした形です。通常、配置図ないしは平面図を使います。少し傾けて置いていますが、傾け方によってどの外壁が見えてくるかが違ってきます。この場合には、正方形の下側の二辺にあたる外壁がパースで描かれます。

　まずは正方形を斜めに置いてスタートです。次に1本の水平な線を引きます。そのとき、線が建物の一番下にあたる角を通るようにします。実はこの角を通らないでも作図自体はできますし、私も必ずしもそうしないで作図することがありますが、ここでは角を通る水平線を1本引きます。これが「画面」の線です（P34）。

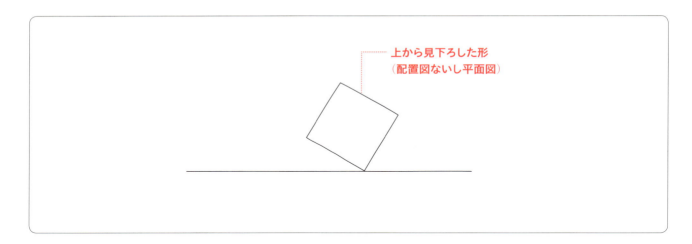

上から見下ろした形
（配置図ないし平面図）

ステップ2　自分の位置と構図を決める

　次に下のほうに1つ、点を設けます。この点は、建物を見ている自分がどこに立っているか、その位置を示します。これは決まった位置ではなく、建物へのアクセスの道があれば、その道に沿ったどこかの点を選べばよいでしょう。この点が立点（P34）となります。次の作業がポイントです。立点から、正方形の見えている外壁にあたる2本の線と「平行」な線を引きます。ここはしっかり平行な線を引くようにしてください。そうしないと、せっかくの努力が無駄になります。

　その後、下のほうに1本の水平な線を引きます。これは建物の一番手前の外壁と地面が接するところを通る線で、地面の線と思ってください。なお、最初の段階では、自分が立っていないで、そこに横になって建物を見ている構図とします。そうすると、地面の線ははるか向こうの地平線とも重なります（P34）。

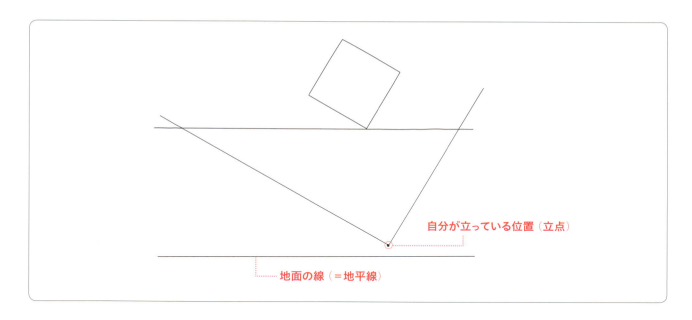

ステップ3　2つの集中点を得る

　左右に2本、垂直な線が見えますね。この線が足線で、パースを描くのに欠かせない大切な線です。ステップ2で引いた正方形に平行な2つの辺と、正方形の下の角を通る水平線の交点から、それぞれ真下に線を下ろします。足のように下ろすところから、この線を「足線」と呼びます。この足線と地面の線の交点が、建物の水平要素が集まる集中点になります。2点透視図では、こうした作図で必ず集中点が2つ得られます。

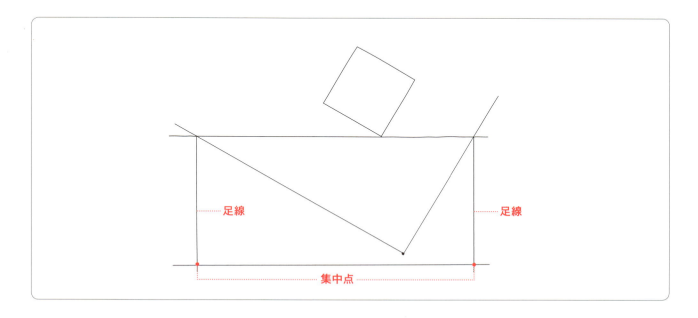

第4部　図から起こすパース　基本の「き」

ステップ4　高さの情報を与える

　右下に正方形を加えます。この正方形は正面図（この場合には側面図でもOK）です。同じ正方形でも、上に見えている正方形は配置図または平面図ですから、図の意味が違います。右下に正面図を入れたのは、建物の高さ情報を引き出しやすくするためです。右下の正方形の上辺から、左方向に水平な線を引き出しています。これが建物高さを示す線です。もし窓などを入れるならば、同様にして窓高さの線を引き出します。

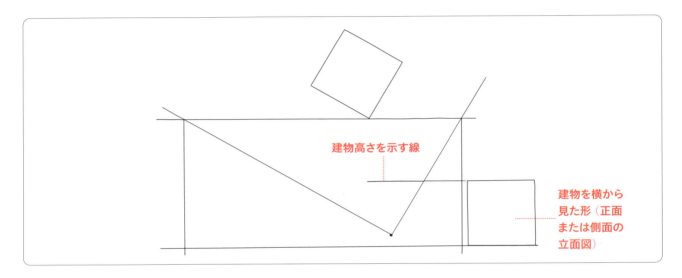

ステップ5　集中点に向かう斜めの線を引く

　ここからは、パースらしい斜めの線を引いていきます。自分のいる位置から見て、立方体左右の2つの面が見えているはずですね。その両側の外壁の接する部分が、一番手前に位置します。その長さを建物高さから正確に引きます。これが外壁境目の線になります。そして、その最上部の点から、左右にある集中点にまっすぐな線を引きます。

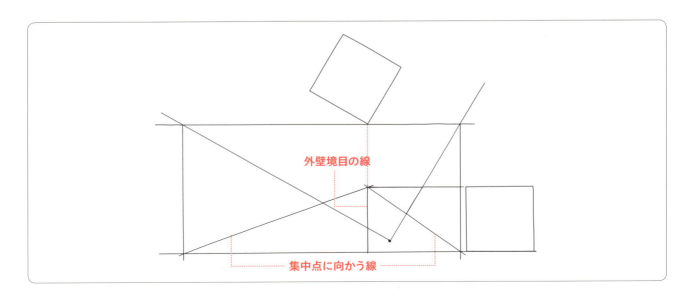

ステップ6　左右の外壁の幅を作図によって求める

　仕上げの段階に入ります。見えている2面の外壁の上辺と下辺はそれぞれ作図で得られています。左右にどこまで外壁が続いているかを出しましょう。立点から上の正方形の外壁の左右の端まで、まっすぐに線を引きます。2本引けますが、その線とステップ1で最初に引いた水平線の交点を見つけます。そこから足線をそれぞれ下に引けば、その線が外壁端部の位置となります。以上で、パースとしての形状が作図できます。

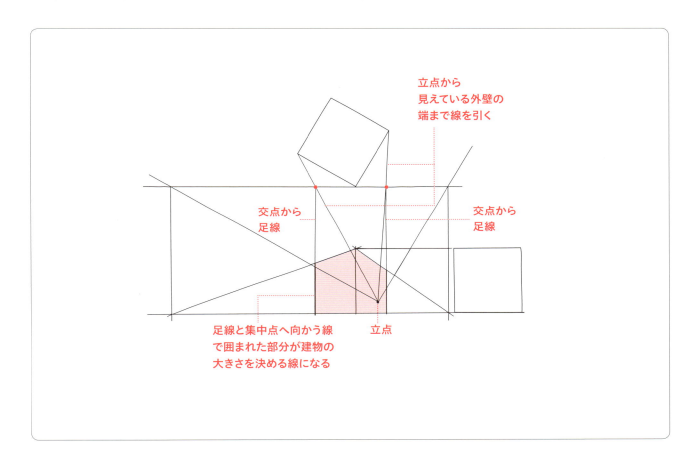

4-2 目線の高さが変わるとどうなるのか

　前節で描いた立方体は、地面すれすれのところから見た構図です。交差点の角地に建つ四角い高層ビルなどを、交差点の反対側の歩道から見ると、こんな感じに見えるかもしれません。
　ここでは、縦横高さがそれぞれ3メートル程度の大きさの建物を想定しています。そこで、普通に立って建物を見ている場合や上空から見下ろした場合を示してみます。作図は途中まで同じです。

■立って建物を見ている場合

　前項ステップ4の段階で、地面から1.5メートル程度の位置に水平線を引きます。人の目の高さは、だいたい地上から1.4～1.6メートルです。1辺が3メートル程度とする外壁のちょうど半分の高さですから、右下にある正方形（正面図）の半分の高さの位置に水平線を引きます。これが目の高さの線であり、ずっと先では地平線にあたります。

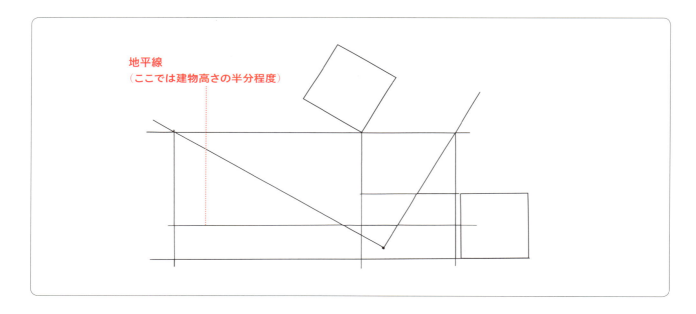

地平線
（ここでは建物高さの半分程度）

　いま引いた水平線と足線との交点が、それぞれ新しい目の高さにおける集中点になります。2つの集中点と、建物のもっとも手前に位置する外壁境目の線とを結びます（上下に4本）。そのあと、同じように外壁の両端を示す足線を使えば、左右の外壁の大きさが確定します。立った位置でこの立方体を見れば、見た感じも違和感ありませんね。

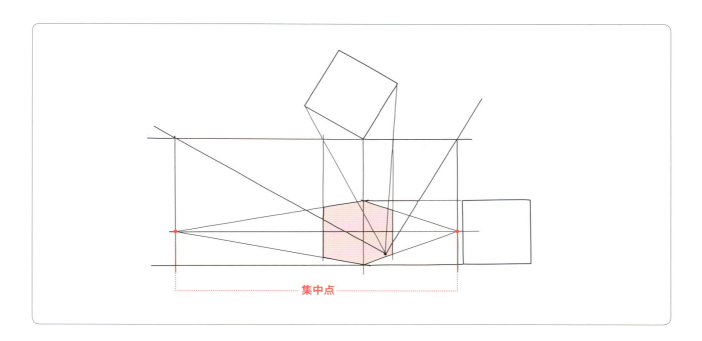

■ もっと高い位置からみた場合

　たとえば、地面から4.5メートル程度の高さの目線から、パースを描いてみます。この高さは、この立方体の建物の陸屋根に上り、そこに人が立ったとしたときの目の高さです。この場合には立体全体を見下ろす格好になり、すこし作図が増えます。前項ステップ4の段階で、右下にある正方形（正面図）をもとに、地面から4.5メートル程度の高さに相当する水平な線を1本引きます。これが目の高さの線であり、ずっと先では地平線にあたります。

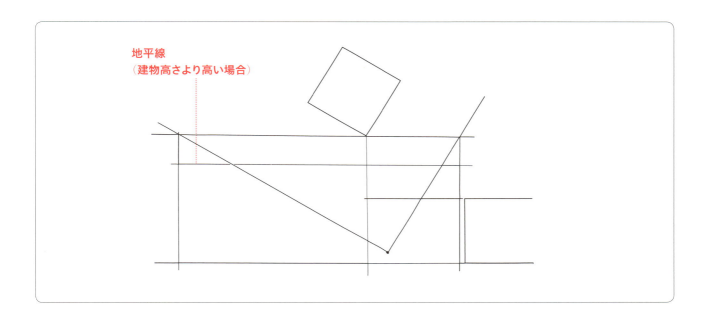

新しく引いた地平線に足線を下ろして、新しい集中点をそれぞれ出します。次に外壁が地面と接する線や、陸屋根と接する線にあたる斜めの線を引きます。

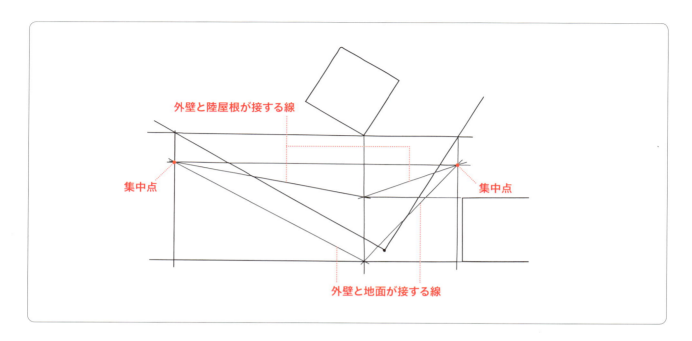

　外壁左右の端の位置を出します。この作業だけは目の高さがどこであれ、共通です。ここまでで見えている外観のうち、陸屋根の形状だけがまだ得られていません。仕上げとして陸屋根の形状を描き足します。

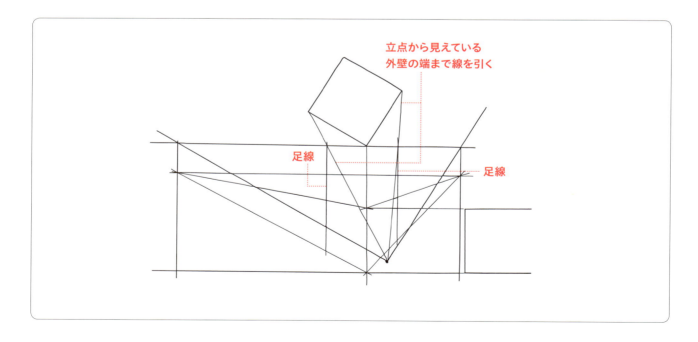

外壁左右の端部の位置は、陸屋根の端部でもあることがわかります。このため、端部の点から集中点にまっすぐな線を引いて、囲まれたひし形が陸屋根の形状になります。
　建物をパースで描くとき、普通の目の高さで見る限りは、屋根を見下ろすような構図にはなりませんが、鳥かん図的に描くならば、このような作図方法で、パースを描いていきます。

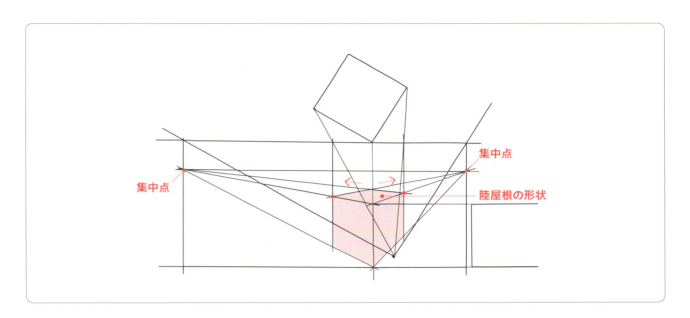

> ❓ ヒント

視点と画面、対象物の配置のしかた

　これは、いろいろと作図して経験を積むとわかることですが、立点と画面、対象物の位置関係を変えると、パースのイメージはかなり違ってきます。立点と対象物の間を広くとれば、とてもおとなしい、平凡な構図にもなりますし、逆に短くすればするほど、大げさな構図にもなりえます。経験的に、対象物の大きさに対して画面と立点の距離は1.5倍から2倍くらいに設定すると、ちょうどいい感じになります。
　建物を斜めに配置してパースを描くとき、画面に対する傾きをどの程度にすればよいでしょう。いろいろな要因が反映しますから一概には決められませんが、定規を使うなら三角定規の利便性をふまえ、30度、60度の角度を付けると作図しやすくなります。

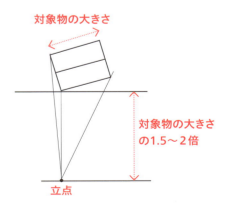

4-3 平面と立面からパースをつくる①

それでは、実際にパースをつくる練習をしてみましょう。あらかじめ、立方体の平面、建物の角を通る水平線（画面）、見ている人の位置（立点）を入れましたから、この状態でスタートです。まず、2つの集中点を見つけます。

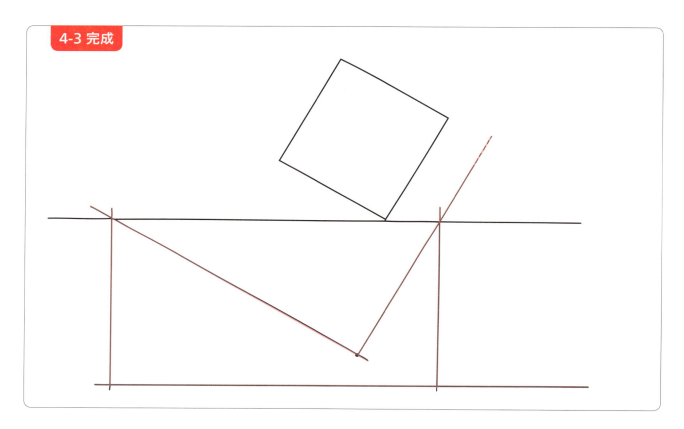

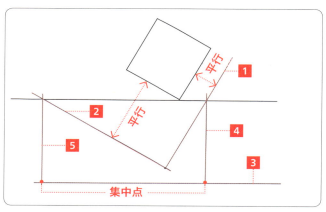

Point

- 点から正方形に平行な2本の線 **1** **2** を引く
- 地面の線 **3** を描く
- 建物の角を通る水平線と **1** **2** の交点から、**3** に向かって足線 **4** **5** を引く
- **3** と **4** **5** の交点が集中点

描いてみましょう

■定規を使って描いてみましょう

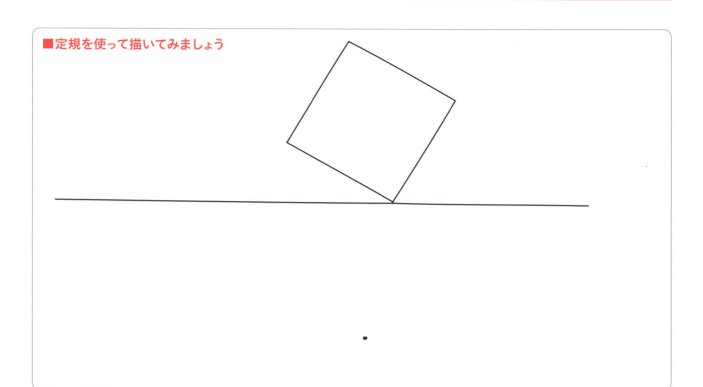

■フリーハンドで描いてみましょう

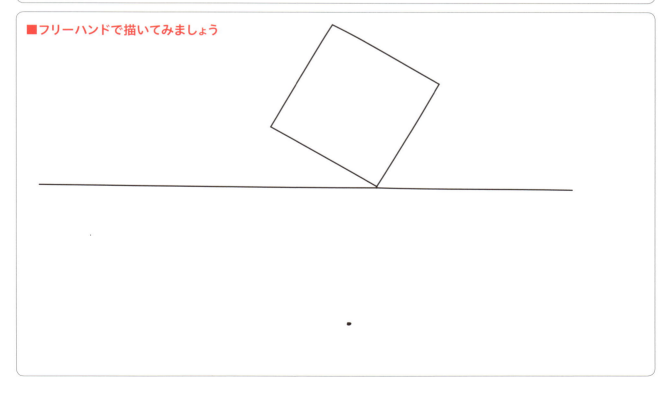

第4部　図から起こすパース　基本の「き」　**111**

4-4 平面と立面からパースをつくる②

　地面の線の右側に、正面または側面図として正方形を描きます。ここから高さ方向の長さを引き出します。そして、見えている2つの外壁面の境目の線を入れます。境目ですから、縦の線を入れる位置は、上にある正方形の一番下の角にあわせます。

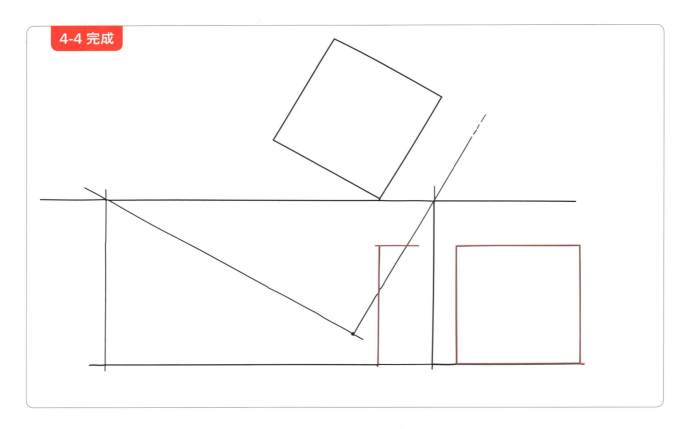

4-4 完成

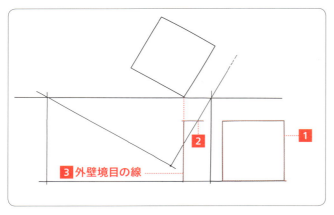

Point

- ▶地面の線の右側に上部と同じ大きさ（寸法）の正方形 **1** を描く
- ▶**1** の上辺から左方向に水平な線 **2** を引き出す
- ▶上部の正方形の一番下の角から線を引き出し、**2** との交点から地面の線まで縦の線 **3** を引く

描いてみましょう

■ 定規を使って描いてみましょう

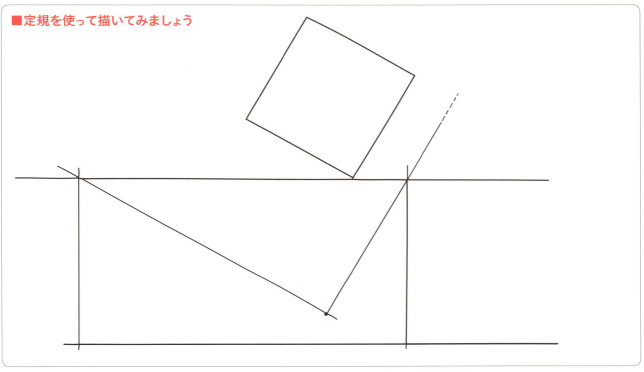

■ フリーハンドで描いてみましょう

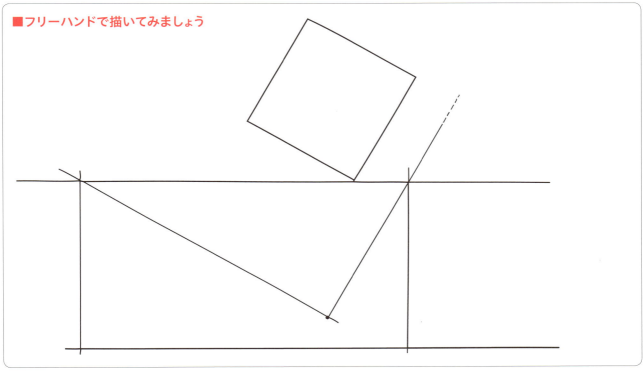

4-5 平面と立面からパースをつくる③

　ここで完成までもっていきます。前項で得られた外壁境目の線の上端から左右にある集中点に向かって、まっすぐな線を引きます。目線の高さを設定している場合は、境目の線の下端からも集中点に向かって線を引くのですが、ここでは地面の線＝目線としているため、下端からの線は省略します。そのあと、外壁の両端の位置出しを行い、パースは完成です。

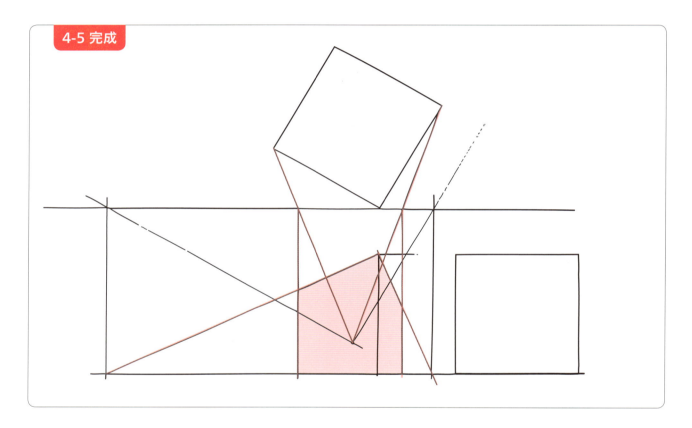

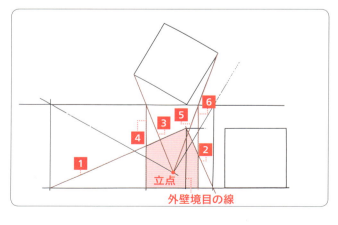

Point

- 外壁境目の線から集中点に向かって線 1 2 を引く
- 立点から上の正方形の外壁左右の端まで線 3 5 を引き、その線と建物の角を通る水平線（画面）との交点から地面の線まで足線 4 6 を引く
- 外壁両端の位置が決まったら、パースが完成

描いてみましょう

■定規を使って描いてみましょう

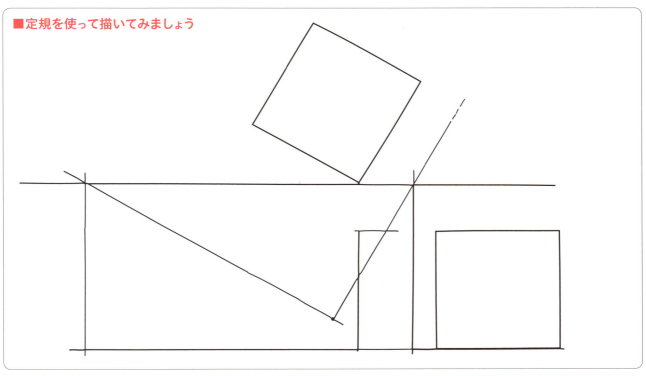

■フリーハンドで描いてみましょう

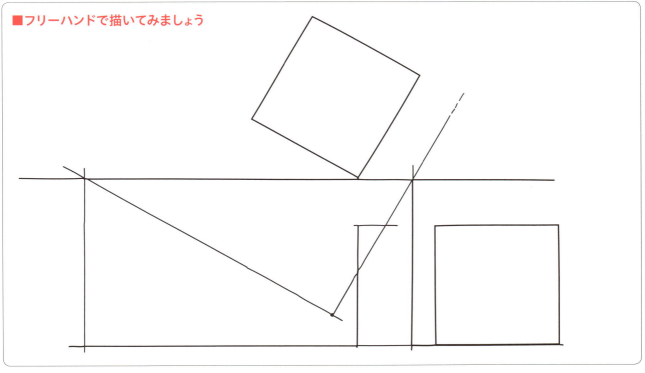

4-6　見る位置を少し変えてみる①

　立点（見る人が立つ位置）を変えると、外壁の見え方にどのような変化があるか体験してみましょう。作例は、前項と同様の立方体ですが、立点だけは少し動かしています。前項までの描き方を参照して、外壁境目の線を作図するところまでやってみましょう。

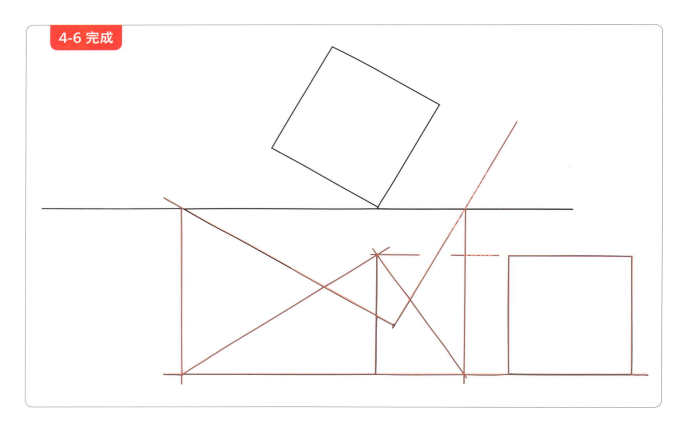

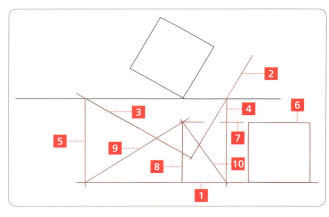

Point

- 地面の線 **1** と立点から正方形に平行な2本の線 **2** **3** を引く
- 地面に向かって足線 **4** **5** を引く
- 上と同じ大きさの正方形 **6** を描く。この上辺から左方向に線 **7** を引く
- 外壁境目の線 **8** と集中点に向かう線 **9** **10** を引く

描いてみましょう

■定規を使って描いてみましょう

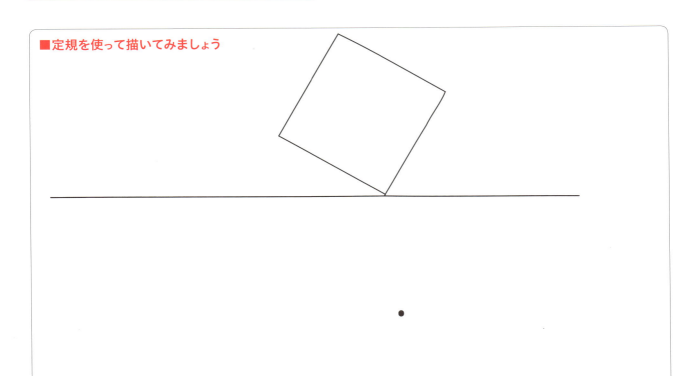

■フリーハンドで描いてみましょう

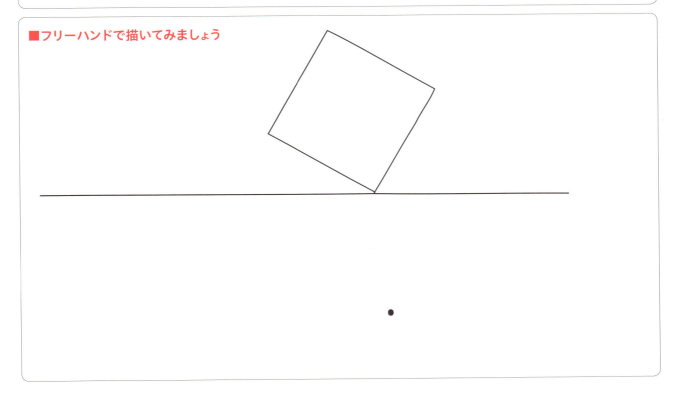

4-7 見る位置を少し変えてみる②

外壁境目の線が確定したら、外壁左右の両端の位置出しを行います。パースが完成したら、P114のパースとの違いを確認してください。

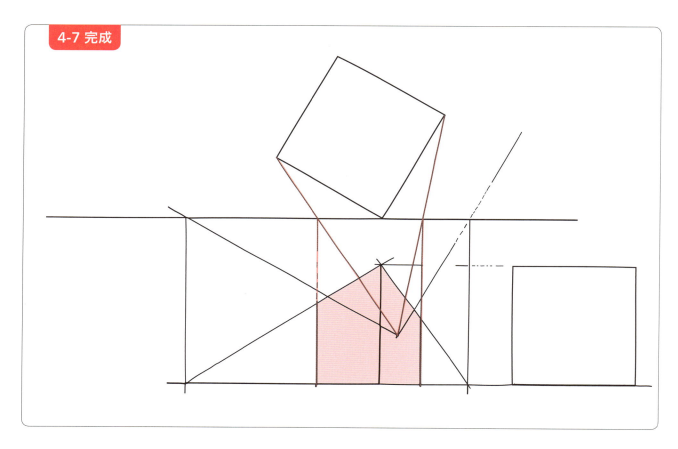

4-7 完成

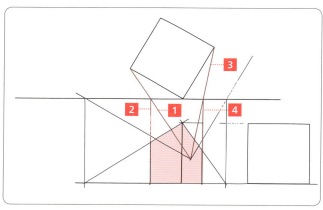

Point

▶ 立点から上の正方形の外壁左端まで線 **1** を引く。その線と画面の線の交点から足線 **2** を引く

▶ 同様の作図を上の正方形の外壁右端にも行い、線 **3** と線 **4** を引く

描いてみましょう

■定規を使って描いてみましょう

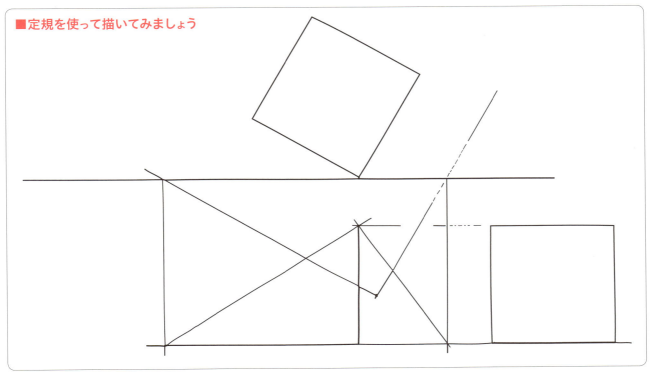

■フリーハンドで描いてみましょう

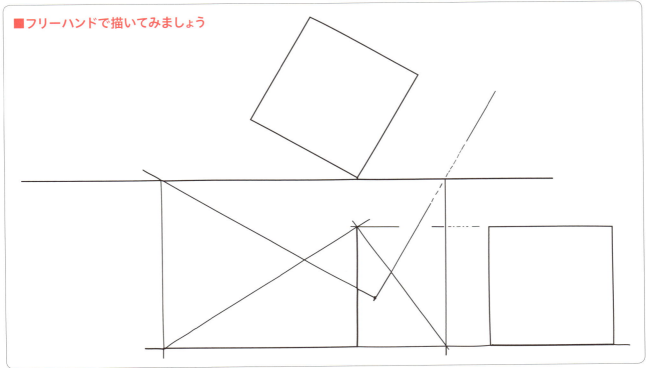

4-8 勾配屋根のある立体のパース①

　勾配屋根のある立体で、パースを作図してみます。立方体の上に、屋根勾配が10/10（45度）の切妻屋根が載った形とします。上部から見た図には棟の線があり、正面から見ると、正方形の上に直角三角形が載った五角形です。まず、見ている位置から建物の外壁に平行な線を引き、足線を描きましょう。ここまでは立方体のパースと同じです。なお、前項までの練習と同様に、地面の線と目線は同じ位置と仮定しています。

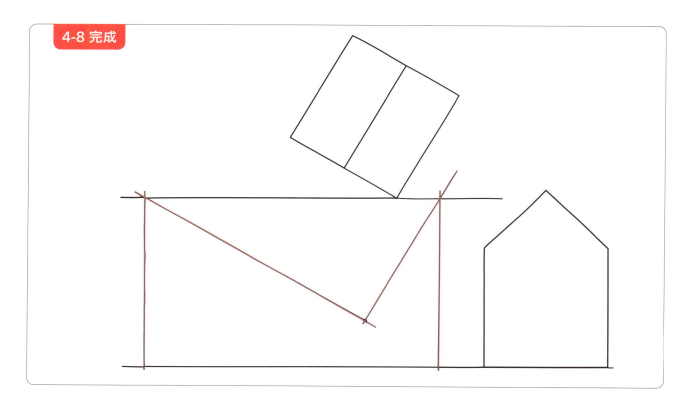

4-8 完成

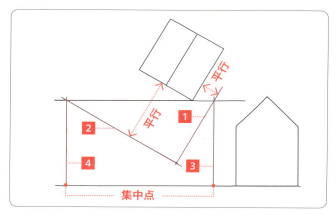

Point

▶ 立点から上部の正方形に平行な２本の線 **1** **2** を引く
▶ 建物の角を通る水平線と **1** **2** の交点から、地面の線に向かって足線 **3** **4** を引く
▶ 地面の線と **3** **4** の交点が集中点

描いてみましょう

■定規を使って描いてみましょう

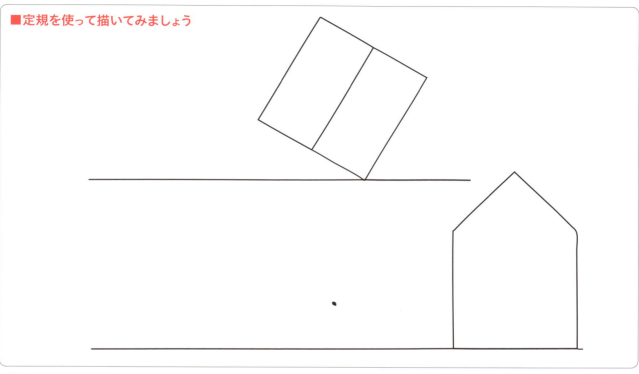

■フリーハンドで描いてみましょう

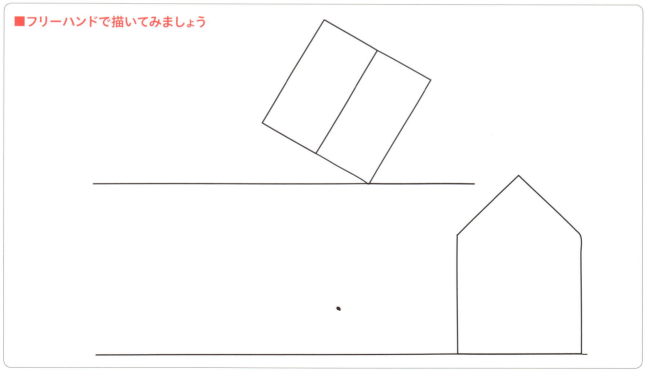

4-9 勾配屋根のある立体のパース②

　建物の高さ情報を入れます。立方体では上辺から線を引き出して高さ情報を得ましたが、ここでは屋根のもっとも高い棟の部分と軒部分の2カ所から線を引き出します。外壁の境目の線を引いたら、それぞれの高さ線から集中点に向かって斜めの線を引きます。勾配屋根では、棟部分の高さ線から右側にある集中点に線を引く必要はありません。

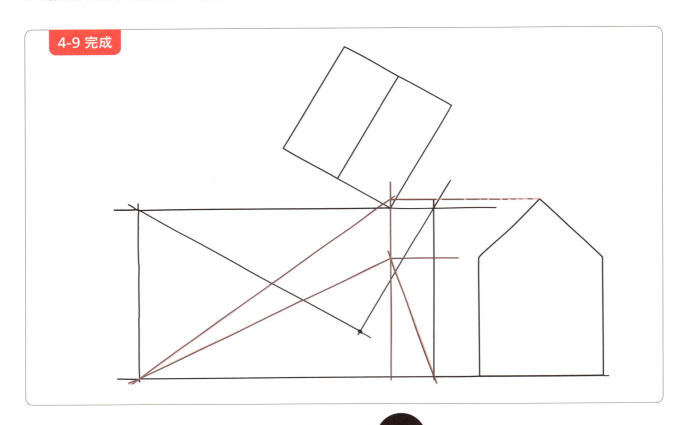

4-9 完成

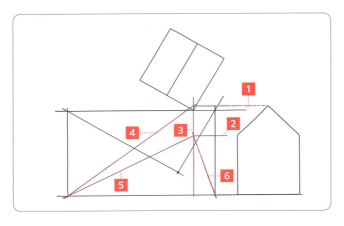

Point

- 棟と軒からそれぞれ左方向に水平な線 **1** **2** を引き出す
- 上部正方形の一番下の角から地面の線まで縦の線 **3** を引く
- **3** と棟の高さ線 **1** の交点から左側の集中点に向かって線 **4** を引く
- **3** と軒の高さ線 **2** の交点から左右の集中点に向かって線 **5** **6** を引く

描いてみましょう

■ 定規を使って描いてみましょう

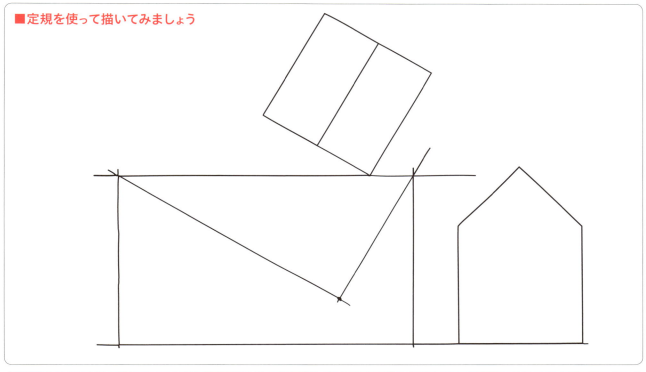

■ フリーハンドで描いてみましょう

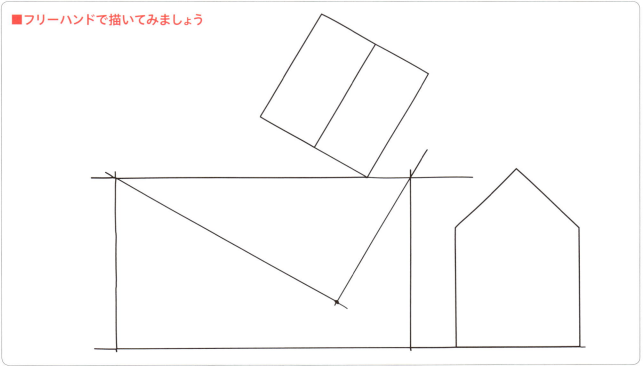

4-10 勾配屋根のある立体のパース③

　外壁境目の線と軒のラインが確定しましたので、外壁両端の位置出しと屋根形状の作図をしてパースを仕上げましょう。上部正方形の左右角と棟の線の端部、合計3カ所から、立点まで線を引きます。それらの線と建物の角を通る水平線（画面）の交点から足線を下ろし、外壁両端と棟の位置を確定します。

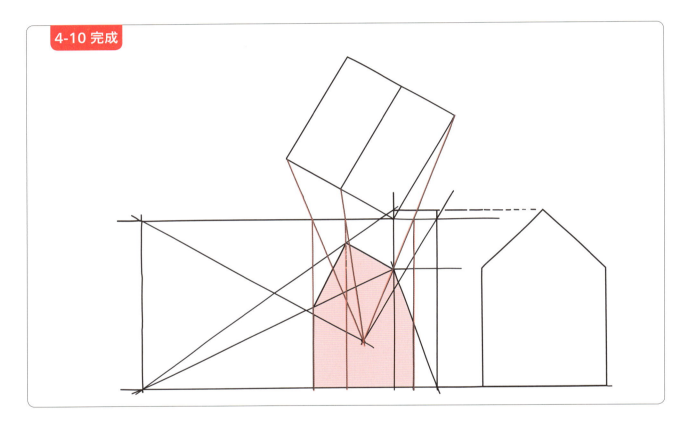

4-10 完成

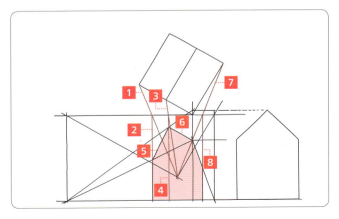

Point

- 立点から上の正方形の外壁左右の端と棟の端まで線 1 3 7 を引き、その線と建物の角を通る水平線（画面）との交点から地面の線まで足線 2 4 8 を引く
- 4 と棟の高さ線と集中点をつないだ線の交点がパースの棟の位置。線 5 6 を引いて勾配屋根が完成

描いてみましょう

■ 定規を使って描いてみましょう

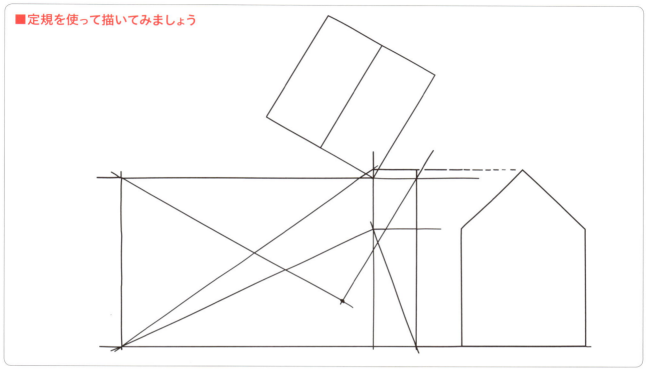

■ フリーハンドで描いてみましょう

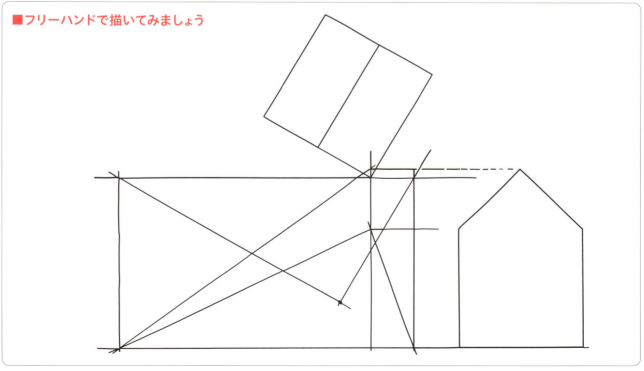

4-11 くり返し要素からなる外観の作図①

　外観が同じ要素のくり返しである建物の作図をやってみましょう。ここでは、同じ箱状の立体が4つ直線的につながった倉庫あるいはガレージのような建物をイメージしてください。本来、作図で使う図面に境界を示す線は必要ないのですが、パース上で4つのユニットの境がはっきりわかるように、あらかじめ入れています。

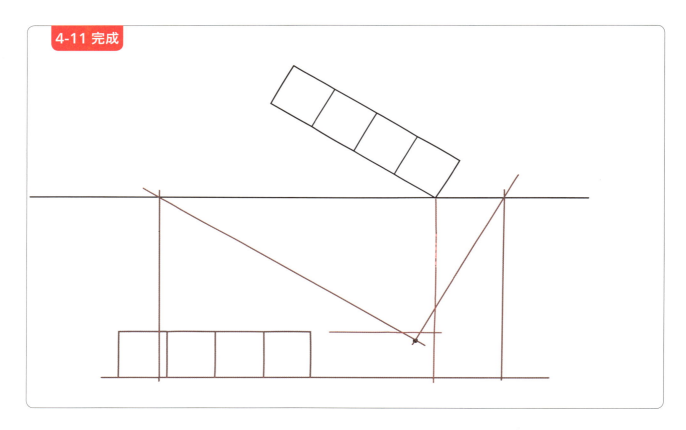

4-11 完成

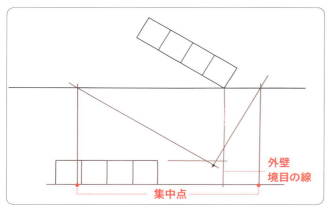

外壁境目の線
集中点

Point

▶ 建物の立面を左に置く以外、ここまで練習してきた作図方法と同じ
▶ この建物のように高さ情報が単純であれば、立面をあえて描かないで、必要な線を入れるだけでも作図できる

描いてみましょう

■定規を使って描いてみましょう

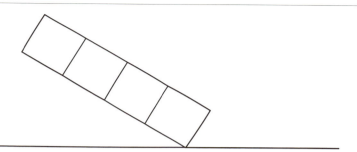

■フリーハンドで描いてみましょう

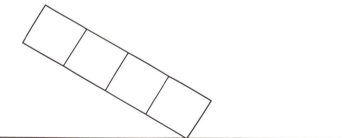

4-12 くり返し要素からなる外観の作図②

　もっとも手前にある外壁境目の線が決まったら、その上端から左右の集中点に向かって線を引きます。各ユニットの境界は、上にある配置図の境界の線から作図します。この作例ではP40下段で練習した、外壁を4等分する遠近表現と同じ構図を図面からでも得られることを理解してください。

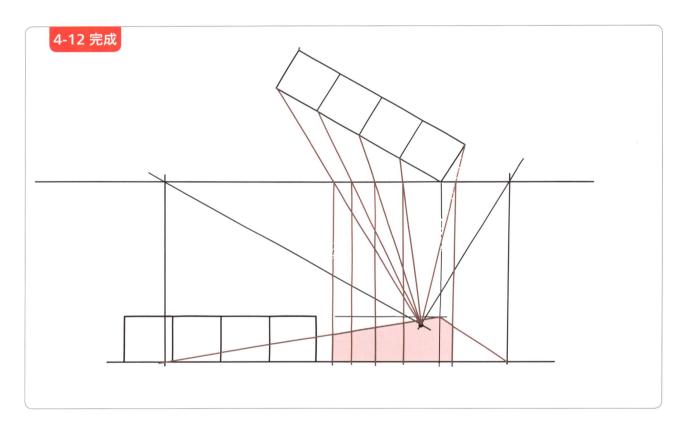

4-12 完成

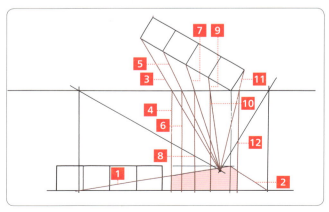

Point

▶ 前項で得た外壁境目の線の上端から集中点へ線 1 2 を引く

▶ 配置図のそれぞれの境界から立点へ線 3 5 7 9 11 を引き、各交点から下ろした足線 4 6 8 10 12 でパース上のユニットの境界線を確定する

描いてみましょう

■ 定規を使って描いてみましょう

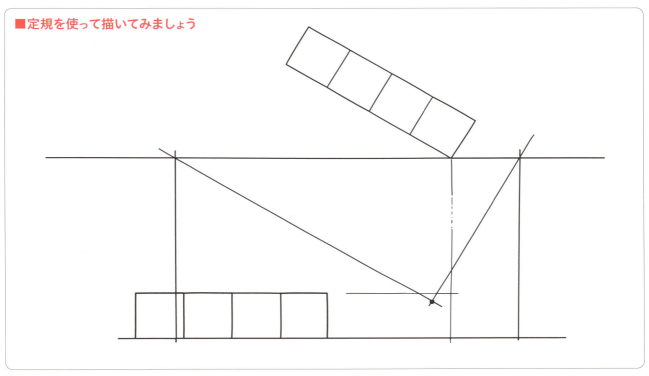

■ フリーハンドで描いてみましょう

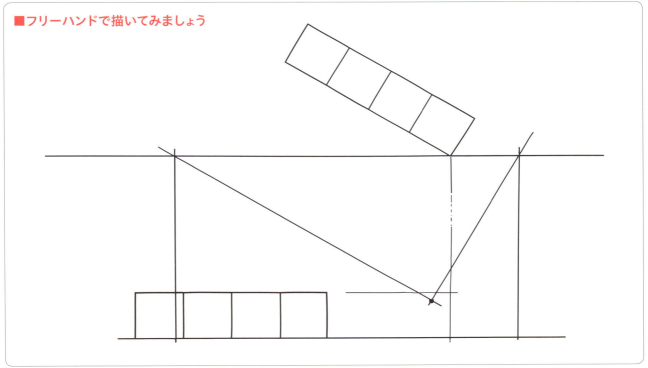

4-13 図をもとに室内を描く①

外観のパース作成の要領を応用して、次に室内パースを作図してみましょう。室内の平面図として、壁に窓が1つある図を用意しました。画面を、L型の壁の両端を通るように配置します。右下には窓のある壁の立面（展開図の一種）を入れてあります。まず、立点から平面図に平行な線を引き、画面との交点から足線を下ろします。ここから、練習枠は1つです。

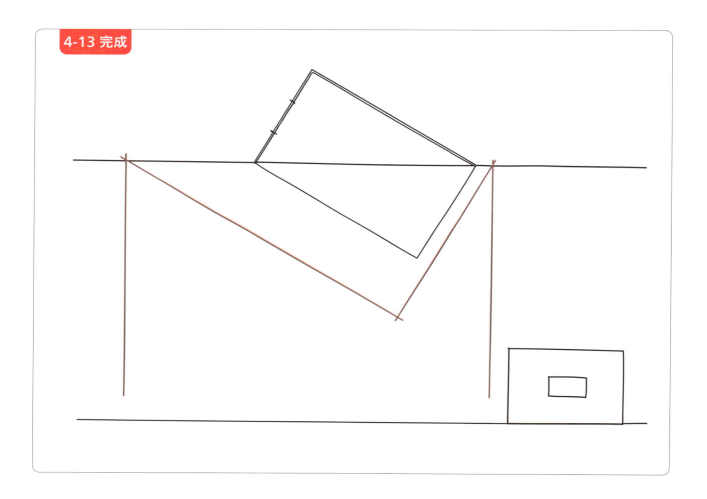

Point

▶ 立点から平面図の壁に沿って、平行に線 1 2 を引く
▶ 1 2 と画面（壁の両端を通る水平線）の交点から、足線 3 4 を下ろす

描いてみましょう

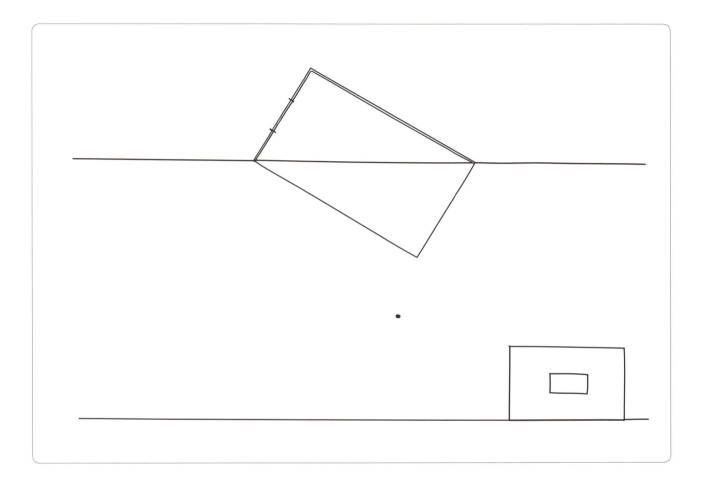

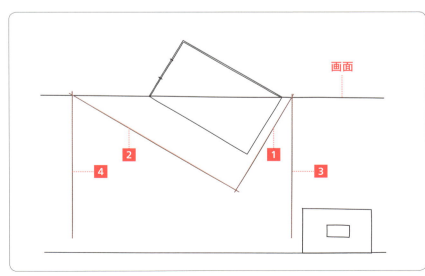

画面

❓ヒント

このあと、目線の高さを設定するので、足線の下端は完成図のあたりで十分です。

4-14 図をもとに室内を描く②

　室内の天井高さを3メートル程度とし、人の目の高さをその半分に設定します。人が立った状態で室内を見ている、という構図です。目線の高さを建物高さの半分の位置に取り、前項で描いた足線に交わるように水平な線を引きます。この交点が集中点となります。

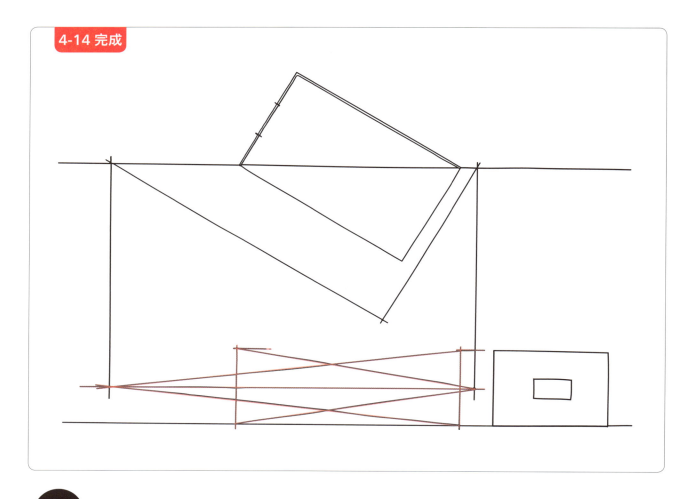

4-14 完成

Point

▶ 建物高さの半分の位置に目線 1 を水平に引く
▶ 建物高さの線 2 を平面図の両端が入る位置まで水平に引く
▶ 平面図のL型の壁の端点から線を垂直に下ろし、建物高さと同じ寸法の線 3 4 を引く
▶ 3 4 の両端から集中点に向かって線 5 〜 8 を引く

描いてみましょう

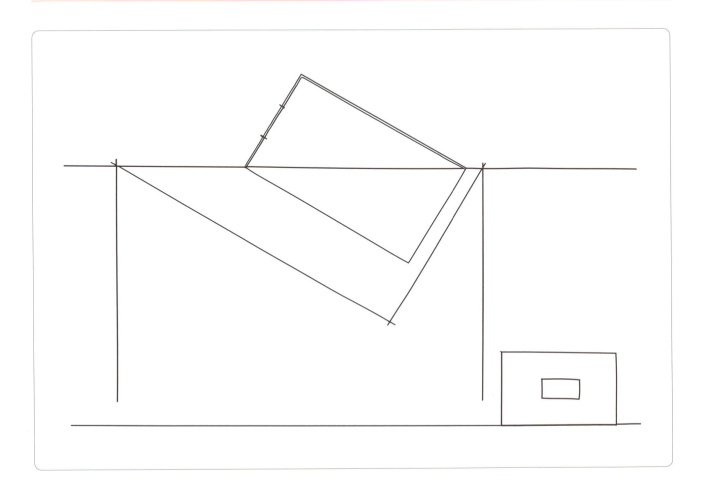

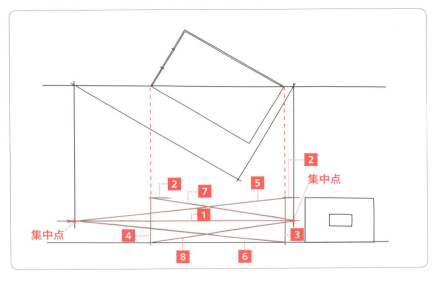

> **❓ヒント**
>
> ここでは、集中点と結ぶ方法で、それぞれの壁面が天井や床と接する線を求めます。他にも、まず右側の壁面の形状を作図して、それを手がかりにしてもっとも奥に見える壁面境目の線を出し、左側の壁面を作図する方法もあります。

4-15 図をもとに室内を描く③

　窓を作図します。右側に入っている展開図は平面図と同じ縮尺です。天井高さや窓の高さは展開図に入っていますから、必要な高さ情報を左方向に平行な線で引き出していきます。壁の左端にある垂直な線との交点を見つけ、集中点に向かう斜め線を引けば、その線上に窓の高さ情報が載っています。窓の左右の位置は、足線を利用して出します。最後に床の線を作図して完成です。

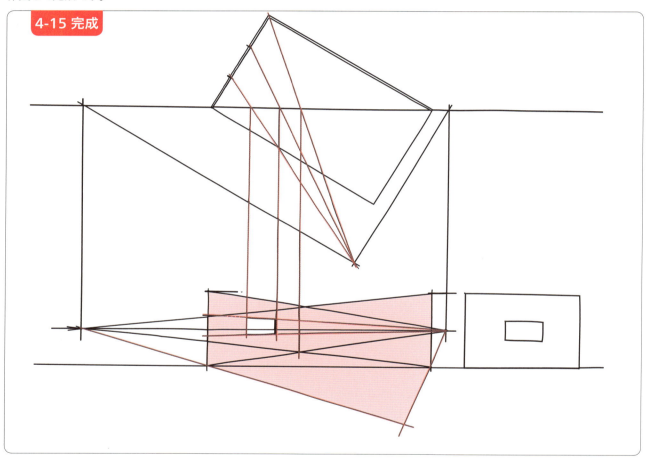

Point

- ▶立点から平面図の壁の角、窓の両端へ線 1 〜 3 を引き、各線と画面の交点から足線 4 〜 6 を引く
- ▶右の立面（展開図）で窓の高さの位置（点 7 ）から左方向に水平線を引く。この線と左端の壁の線との交点 8 から右の集中点に線を引き、 5 6 と囲まれた部分が窓枠の線
- ▶点 9 10 と集中点を結ぶ線をそれぞれ引き、それぞれの線を延長して交わる点で定まる区画が床

描いてみましょう

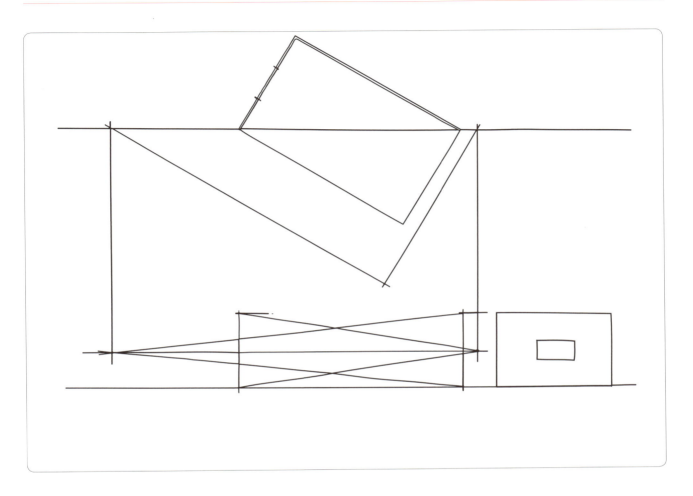

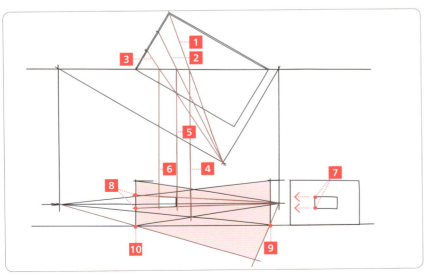

❓ヒント

この作例では窓が1つですが、左右に連続した窓なら同様に作図できます。窓が上下に並ぶ場合は、壁の立面にあらかじめそれぞれの窓の位置が示されていますから、左方向に水平線を引き、上下の位置を決めます。

4-16　1点透視で室内を描く①

　ここまでは2点透視で作図してきましたが、1点透視図もよく用いられます。作図もほかの方法にくらべてわかりやすいですから、おすすめの作図法といえます。集中点は1つです。作例は四角が2つ合わさったL型の部屋で窓が2カ所あり、1つはテラス窓としてみました。立つ位置（立点）はテラス窓に向かう、ちょうど中心線に沿う位置に設定してみます。ここからですと、どの壁面も見える状態です。

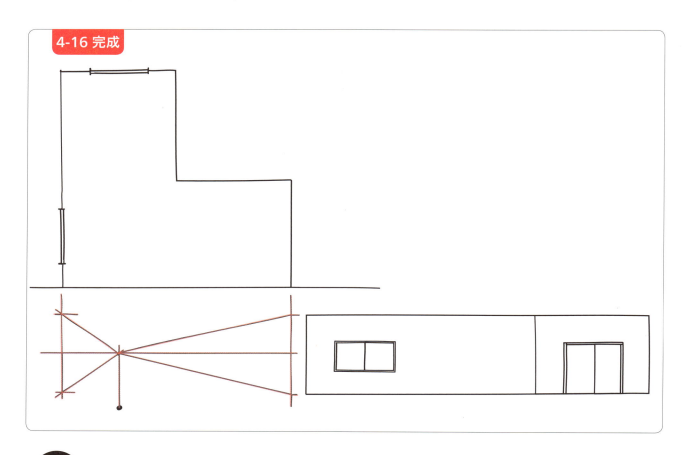

4-16 完成

Point

- 画面の線の下に、平面図の両側の壁の位置から2本の垂線 1 を引く
- 立面図にある床と天井の線を左方向にまっすぐに伸ばし、1 のあたりで4本の線 2 を引く
- 目の高さを天井高さの半分とし、線 3 を水平に引く
- 立点から真上にまっすぐに線 4 を引き、3 との交点 5 が集中点になる
- 集中点と左右の壁の両端（2 の位置）をそれぞれ結び、4本の斜線 6 を描く

描いてみましょう

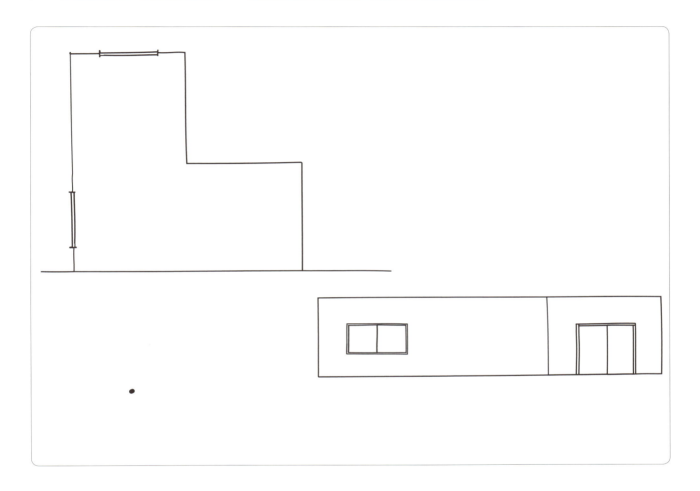

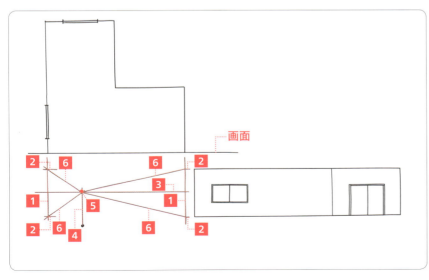

⚠ 注意点

求める一点透視図がかなり小さくなりますので、交点などの位置出しに注意を払いましょう。慣れないうちは定規で作図することをおすすめします。

4-17　1点透視で室内を描く②

　ここから足線を活用しながら、室内の壁面を順次作図していきます。原則は手前の壁から奥の壁へ、です。1点透視図は平行透視図とも呼ばれ、上下それぞれの線が「平行」になる壁が作図できます。そこが、2点透視図とは大きく違う点です。

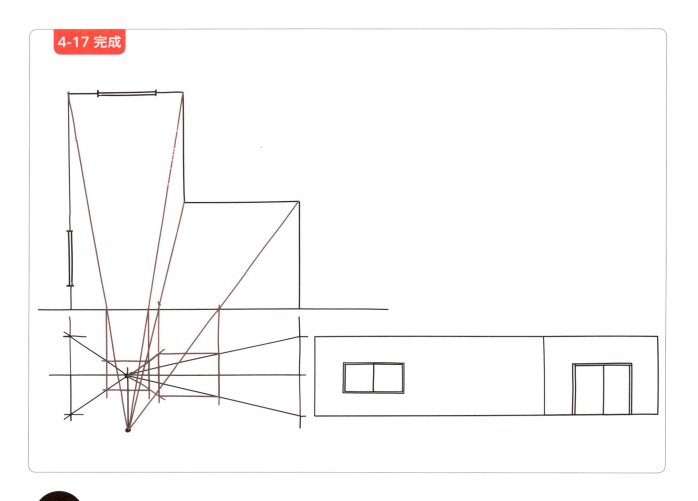

4-17 完成

Point

▶立点と平面図の右壁面の角を結ぶ線 1 を引き、そこから足線 2 を引くと、右側手前の壁 3 が確定
▶立点と平面図のL字の窪み部分の角を結ぶ線 4 を引き、そこから足線 5 を引く
▶ 2 の壁の線とする部分と 5 の壁の線とする部分を水平線 6 、 7 で結ぶと、 3 に連続した壁 8 が描ける
▶同様に作図をくり返し、壁面をすべて作図する

描いてみましょう

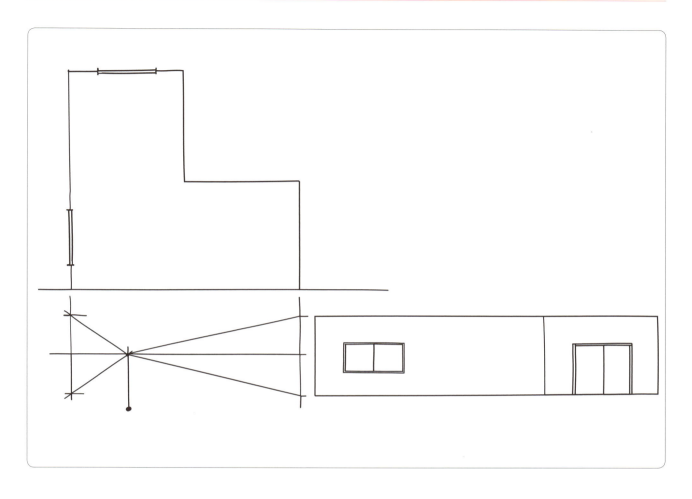

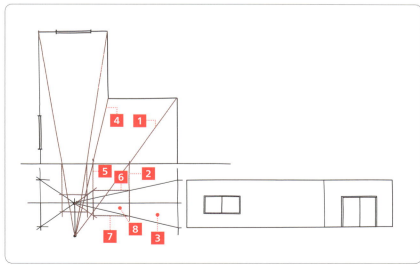

> **？ヒント**
>
> 右側の奥に見えている壁の作図についても、左右の位置出しは足線を利用します。この壁の上下の位置は、線 **6** **7** と線 **5** の交点と集中点を結ぶ斜め線になります。

4-18 1点透視で室内を描く③

窓を作図してパースを仕上げましょう。左側の壁にある引違い窓から作図します。まず、立面（展開図）の窓枠上下から、左方向に水平に線を引き出します。あとは集中点に向かう線と足線を使って、窓の形を確定します。奥にみえているテラス窓もこの引違い窓と同じ要領で描いてください。

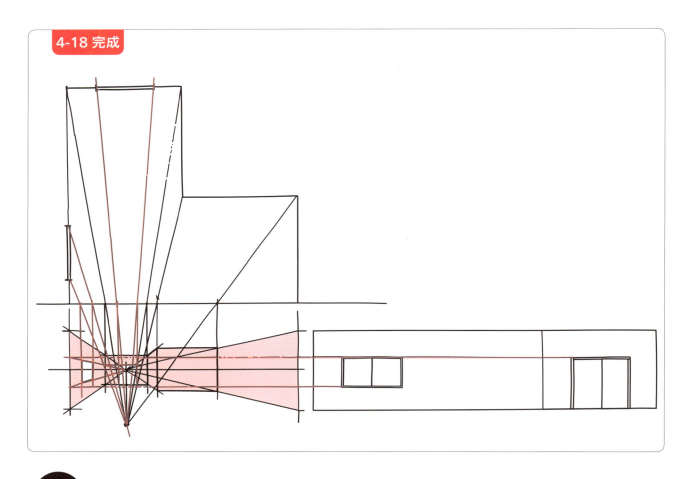

4-18 完成

Point

▶ 立面の引違い窓の上下から左の壁へ向かってそれぞれ水平線 1 を引く
▶ 左端の壁の線と 1 の交点から集中点に向かう斜線 2 を引く。2 が窓の上下関係の位置を示す
▶ 平面図の引違い窓の両端と立点を線 3 で結ぶ
▶ 3 と画面の交点から足線 4 を下ろす。4 が窓の左右方向の位置を示す
▶ 2 と 4 で囲まれた部分をなぞって太線にする

描いてみましょう

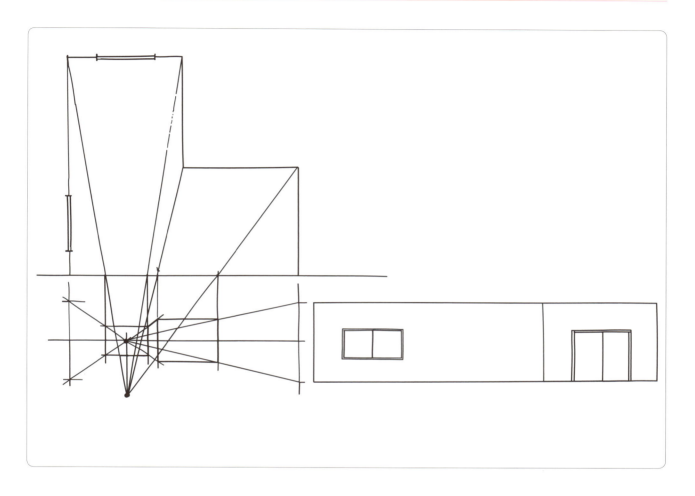

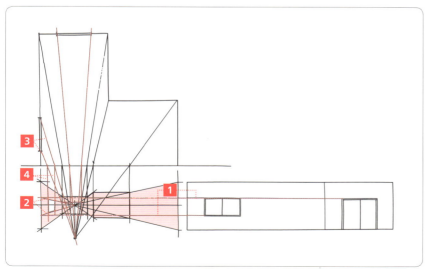

> **❓ヒント**
>
> テラス窓は下の順で作図します。**3**と**5**で囲まれた部分がテラス窓です。

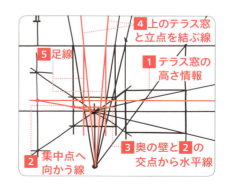

4-19 同じ室内で立つ位置を変えて作図

　最後に同じ作例で、立つ位置を少し右側に移動した作図をやってみましょう。部屋の形状など、立つ位置以外の条件はまったく同じですから、前項がしっかり理解できていれば、作図できるはずです。練習枠は次ページとその次のP144に用意しました。次ページにすべて作図してもかまいませんし、集中点を得るまでと、壁や窓を作図するところを分けて練習してもかまいません。ここでは、引違い窓の召し合わせ部分も入れてみましょう。

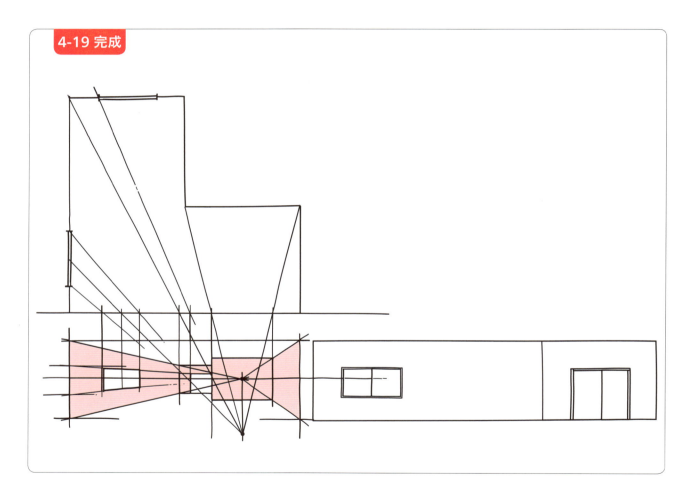

Point

▶ 壁面のうちの1つは、立つ位置の関係からパースにはあらわれてこない
▶ 一番奥の壁は、右側の壁から順に作図するよりも、左側の壁を手掛かりに求めるほうが合理的

描いてみましょう

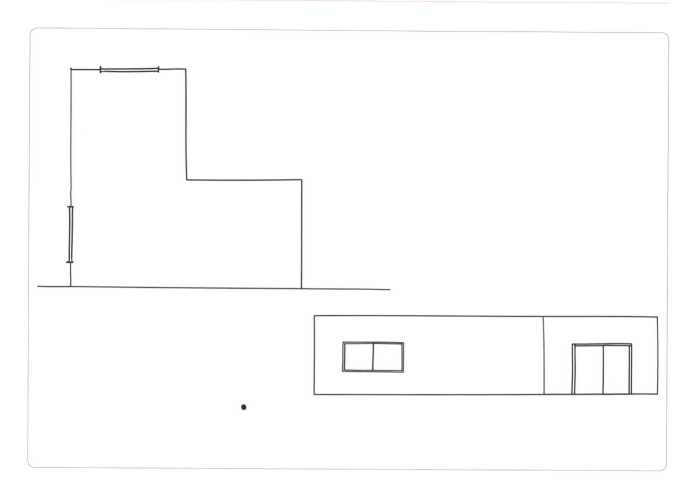

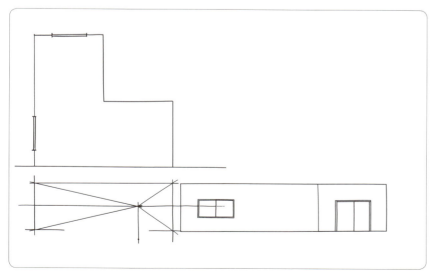

⚠ 注意点

このような室内で凹凸のある空間を作図する場合、可能なら作図前に壁面相互の大まかな配置関係や形をラフにスケッチしておきましょう。作図する線が入り乱れたときに、間違った交点を求めてしまうミスを防ぐことができるからです。

描いてみましょう

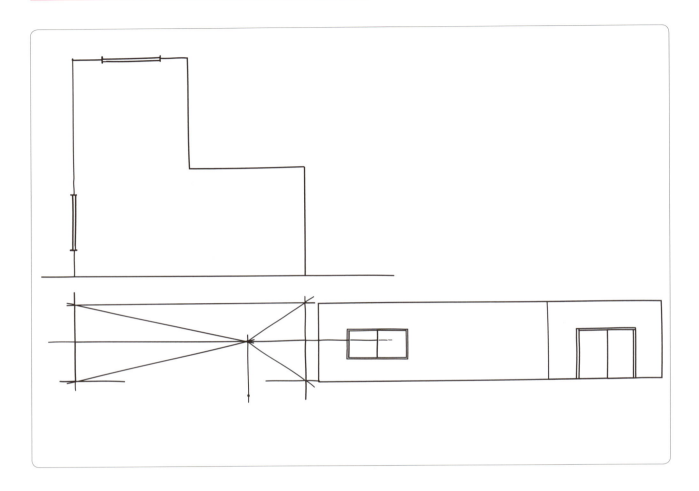

❓ヒント

引違い窓の召し合わせ部分は、平面図の引違い窓をちょうど2等分する点から立点へ線を引き、その足線を利用して位置出しをします。

第5部

スケッチパースの塗り基本の「き」

線描だけ、あるいは線描に墨の濃淡を添えるだけでも建築のパースとして十分、役立ちますが、
塗りを施すことで、絵としての魅力や表現力がさらに高まります。塗りについては、市販されている画材も豊富ですし、
ツールの組み合わせによって多様な表現が生まれます。
ここでは、色を添えることで建築スケッチパースの魅力を高められる基本的なところに絞って解説します。
練習には、塗りの画材として一般的な色えんぴつで行います。

5-1　着彩の効果とは

　建築パースやスケッチの特徴を考えるためのヒントは、例としてフルーツの組み合わせを題材にした絵と比較するとわかりやすいです。柿、桃、オレンジなどをカゴに盛った題材では、カタチを線でとらえることも重要ですが、なによりも、フルーツの名前をつけたそれぞれの色で丸く塗るだけで、それぞれのフルーツがわかります。それほど色が特定のフルーツを表現しています。

　建物においては、そこまで特定の色彩がなんらかの用途の建物を暗示したり、素材を特定することはありません。ただ、素材が色名に使われる例もいくつかあります。たとえば、赤茶の系統色で「レンガ色」があります。レンガの外壁を示すのにレンガ目地のパターンとレンガ色の塗りの併用はとても効果的です。

　建物の場合、色を付加することで材質感、いわゆるテクスチャーを印象的に表現できます。もちろん、塗装個所については塗料の色そのものを再現します。

　ここでは道具として身近な、色えんぴつを用いて塗りの効用を理解していただきます。色えんぴつは国内外のメーカーが多くの商品を出しています。用意しました作例の着彩には、スイス製のカラン・ダッシュの１８色セットの色えんぴつを用いました。以下に示すような色の組み合わせです（18色のうちの１つは白なので、残りの17色を示しています）。みなさんはご自分のお持ちの色えんぴつで、近い色を選んで塗ってください。

色えんぴつでは、水彩絵の具などのような混色はややむずかしいです。微妙な色を出すうえで順に色を重ねていく場合もあります。以下に示すように、樹木の例では色を重ねて深みのある色にしたりします。「塗り重ね」の技法の1つです。
　5－2以降の解説または練習用の作例では18色のなかで使用した色えんぴつのリストを、それぞれ示すようにしました。塗りの参考になるでしょう。

　もうひとつ、建物の塗りにおいては、「空」と「緑」の色は特別な意味と役割をもちます。以下の左の図に示すように、ある教会のスケッチで線描の段階と比較して、右の図は空の青と左の樹木の緑のみ、軽く塗っただけです。それでも建物の全体像がくっきりと浮かびあがります。一般的に空の青の一色を塗るだけで、建物のシルエットがはっきりします。また、樹木の存在はラフに緑系の塗りを施すだけで味わいが増します。
　そこで、本章では塗りの基本として、とくに空の表情と、緑系の塗りに力点をおいて、練習できるようにしています。

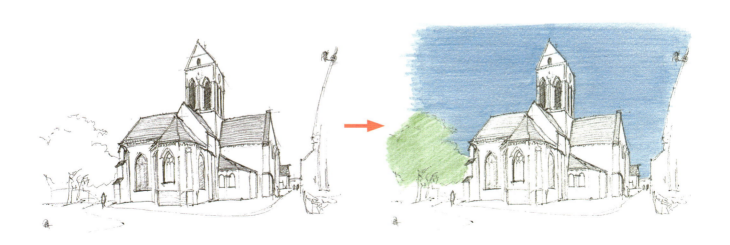

5-2　均一塗りと濃淡塗りの基本

　色えんぴつによる塗りだけでなく、塗りに共通な練習ですが、2種類の塗りを練習します。それは、均一に一定の領域を塗る、濃さが徐々に変化する（グラデーション）ように塗る、です。建築物の場合、青を塗るとするなら空の青でしょう。そこで、均一に塗る場合とグラデーションの2タイプを、青系統の色えんぴつで塗ってみましょう。次に、空の塗りの応用として2種類、雲を入れた空で塗りを練習ください。

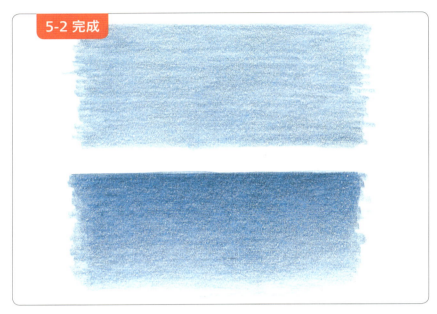

塗ってみましょう

?ヒント

① 色えんぴつで塗る場合、芯の先がなるべく水平になるように意識して塗るようにしましょう。

② 濃淡をつける場合、ここでは上は濃く、下にいくに従い淡く塗るようにします。空の塗りでは、原則として上ほど濃く塗るようにします。

?ヒント

① 応用例として積乱雲のみえる空を塗ります。雲の白は、なにも塗らないで、紙の白地を活かします。雲にグレーで影をつけることで立体的な表現になります。盛り上がった部分については影の領域を上部まで延ばすようにするとよいでしょう。

② ぽっかり浮かぶ雲を加えた空の表現も練習します。雲の輪郭線はあらかじめ入れてあります。それぞれの雲の下部にはグレーで影をつけるとよいでしょう。

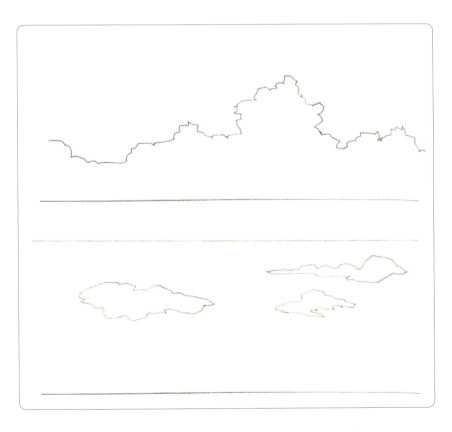

5-3 樹木系の塗りの基本

　青系統の色で空を塗るのと並ぶ重要な塗りは、樹木系の緑です。色えんぴつによる塗りで練習しますが、樹木については、タッチを右上がりの（斜めの）方向にそろえるようにして塗った作例を紹介しています。上段でいくつかの典型的な樹木の塗りを練習し、下段でさまざまな緑が登場する風景を塗ってみます。

使用色

使用色

塗ってみましょう

?ヒント

① 右の例の左下にある針葉樹については、2色で塗ります。それ以外の樹木では3色で塗ります。

② 下の例において、それぞれの樹木の塗りでは、明るめの色を先に塗るようにします。たとえば、
黄緑色→深緑色→黒色、という順です。

5-4 建物と空、緑の組み合わせ

住宅と教会の例を塗ってみましょう。2例とも、基本的な要素である建物や空、緑などの塗り分けに親しむことを目的にしています。建物についても、とてもシンプルな形状の題材にしています。

塗ってみましょう

❓ヒント

① レンガ造などの外壁の建物を想定し、赤系統の色で塗ります。光が当たっていない左側の壁面については、赤色で塗ったあと、淡く黒で塗り重ねをします。

② 雲については、塗る前にえんぴつで薄く、雲の輪郭線を入れてから空を塗るようにしてください。

❓ヒント

独立木を配置して、樹木も練習できるようにしました。樹木は右上がりの方向にそろえて塗るようにします。ただし、地面の芝生については、緑ではありますが右上がりではなく、水平方向に色えんぴつを動かして塗ってください。

5-5 路地の階段やファサードを塗る

　階段のある路地やファサード（建物の正面部分）をとりあげたコンクリート色の強い景色などを塗ってみます。使う色数は比較的少ないです。このファサードの例では、線のもつ固さを和らげるために、えんぴつに近いタッチの線が引けるツールを使って、色えんぴつとの親和性を高くしています。

塗ってみましょう

？ヒント

① 遠近表現では手前の外壁などで、素材感が強く表れることがあります。右の例では、完成例のようにコンクリート仕上げや板塀の塗る方向をそれぞれ塗り分けて、素材感の違いを出しましょう。

② 右の例の階段については、蹴上げ部分をグレーに塗り、階段であることがわかるように表現します。

③ 下の例は建物の外観の凹凸を、グレーの濃さの加減により表現する練習です。樹木は軽いタッチで塗ってみましょう。

5-6 外装材の違いなどを反映させる

　題材は洋館で、前ページの例と同じように、線のもつ固さを和らげるために、えんぴつに近いツールで線描しています。この例は石貼りとレンガ色のタイルが組み合わされた建物です。石やタイル貼りの外装は、色えんぴつで目地を書き込むと雰囲気が表現できます。

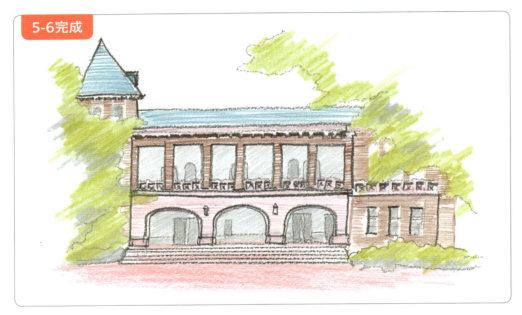

塗ってみましょう

? ヒント

① 上の例では、水平に塗る際に、目地を意識した塗りをほどこします。

② 下の例は、遠近法にもとづく典型的な構図です。1階のアーチ部分の石造では右側ほど、目地がはっきりわかります。こうした場合には、目地の間隔と方向をある程度意識して目地の線を入れ、外壁の塗りに換えるとよいでしょう。

5-7 さまざまな要素を盛り込んだ塗り

　総合的な練習として、さまざまな要素が織りなす風景で、塗りを練習しましょう。キャンパスの一角の景観。正面にみえる建物にむかい、園路がまっすぐに伸びている、遠近の構図です。使用している色数は他の作例に比べると多くなります。

5-7 完成

使用色　　　　　　　　　　　　　　　　　　　　　　　人物の色

塗ってみましょう

❓ヒント

① ある程度まとまった面積の空を塗ることになります。あまり機械的な塗りにならないように工夫するとよいでしょう。同じことは広場のある程度を占める芝生についてもいえます。

② さまざまな樹木が盛り込まれています。高木については基本的な練習で説明したように、右上がりの方向にそろえて塗るとよいでしょう。左利きの人は、右上がりではなく左上がりの方向に塗ってもかまいません。灌木や芝生については、あえて違う塗りで表現します。要素が多いときは必要に応じた対応をしましょう。

[著者] 山田雅夫

都市設計家　山田雅夫都市設計ネットワーク代表取締役。技術士・一級建築士。1951年、岐阜県生まれ。東京大学工学部都市工学科卒。丹下健三・大谷幸夫に設計理論を、川上秀光に計画理論を学ぶ。1985年開催の国際科学技術博覧会の会場マスタープラン設計や東京臨海副都心開発、横浜みなとみらい21の開発構想案づくりなどに参画。慶應義塾大学大学院政策・メディア研究科特別研究准教授や日本建築学会情報システム技術本委員会委員などを歴任。速描スケッチの第一人者。三越カルチャーサロン、NHK文化センターなど、多くの講座でスケッチや絵画を指導し人気講座となっている。

著書：『目からうろこの、なぞり描きスケッチ練習帖』（鹿島出版会）、『世界一やさしいスケッチらくらくレッスン』（新星出版社）、『知識ゼロからの15分スケッチ入門』（幻冬舎）、『読むだけで絵がうまくなる本』（自由国民社）、『スケッチは3分』（光文社新書）、『「遠近定規」で描くスケッチ練習帖』（日本経済新聞出版社）など多数。海外で翻訳された36冊の書籍も含めて著作累計100万部を超える。

建築スケッチ・パース　基本の「き」[増補版]

2017年5月26日　初版第1刷発行
2024年4月4日　　第3刷発行

著　者　山田雅夫
発行者　三輪浩之
発行所　株式会社エクスナレッジ
　　　　〒106-0032　東京都港区六本木7-2-26
　　　　https://www.xknowledge.co.jp/

問合せ先
編集　TEL 03-3403-5898／FAX 03-3403-0582　info@xknowledge.co.jp
販売　TEL 03-3403-1321／FAX 03-3403-1829
本書内容についてのご質問は、返送先をご記入のうえ、メールまたはFAXでお送りください。回答には日数を要する場合がございます。ご了承ください。

無断転載の禁止
本誌掲載記事（本文、図表、イラスト等）を当社および著作権者の承諾なしに無断で転載（翻訳、複写、データベースへの入力、インターネットでの掲載等）することを禁じます。

© 2017 Masao Yamada